MW01706520

Le choix de la pureté

Principes de Dieu pour affronter la tentation sexuelle

BLF EUROPE

En coédition avec FJA

famille je t'aime

Édition originale publiée en langue anglaise sous le titre :
The Purity Principle • Randy Alcorn

Publié par Multnomah Books, un département de Random House, Inc.
12265 Oracle Boulevard, Suite 200 • Colorado Springs • CO 80921 • USA

Édition en langue française :
Le choix de la pureté • Randy Alcorn

En coédition avec Famille Je t'Aime • 15 rue de la Vallée • Schweighouse •
68610 Lautenbach • www.famillejetaime.com

Traduction : Sabine Bastin
Couverture et mise en page : BLF Europe • www.blfeurope.com
Impression n° 91104 • IMEAF • 26160 La Bégude de Mazenc

ISBN 978-2-910246-48-8
Dépôt légal 1er trimestre 2010

Index Dewey (CDD) : 241.66
Mots-clés : Éthique. Relations sexuelles. Chasteté. Abstinence.

Dédicace

À mes frères et sœurs qui sont maintenant devenus des vainqueurs en Christ. Ils ont tourné le dos aux plaisirs secondaires et trompeurs pour s'emparer avec joie des plaisirs plus grands et véritables.

Tu me feras connaître le chemin de la vie : plénitude et joie en ta présence, et bonheur éternel auprès de toi.
PSAUMES 16:11

CHAPITRE 1

Sacrifier les bénédictions futures

Éric déboula dans mon bureau et se laissa tomber sur le siège devant moi.

– Je suis vraiment en colère contre Dieu !

Élevé au sein d'une famille fidèle de l'église, il avait rencontré et épousé une jeune fille chrétienne. Il était à présent le portrait même du désespoir.

– Ah bon… Et pourquoi es-tu en colère contre Dieu ?

– Parce que la semaine dernière, j'ai trompé ma femme.

Longue pause.

– Je comprends pourquoi Dieu pourrait être en colère contre toi, répliquai-je, mais je ne vois vraiment pas pourquoi *toi*, tu pourrais lui en vouloir.

Éric m'expliqua que, pendant plusieurs mois, l'une de ses collègues et lui avaient éprouvé une puissante attirance réciproque. Il avait sincèrement prié Dieu de le préserver de toute immoralité.

– As-tu demandé à ta femme de prier pour toi ? demandai-je. As-tu gardé tes distances vis-à-vis de cette autre femme ?

– Eh bien… euh… non. En fait, nous déjeunions ensemble pratiquement tous les jours.

Lentement, je fis glisser un gros livre que j'avais sur mon bureau. Sans comprendre, Éric vit le livre se rapprocher inexorablement du bord, centimètre après centimètre. Je priai alors à haute voix :

– Seigneur, de grâce, empêche ce livre de tomber !

Je continuai à pousser le livre et à prier. Dieu n'a pas suspendu la loi de la gravité. Le livre a basculé et s'est écrasé lourdement sur le sol.

– Je suis en colère contre Dieu, dis-je à Éric. Je lui avais demandé d'empêcher mon livre de tomber, mais il n'a pas exaucé ma prière !

Ces choix qui nous détruisent

Aujourd'hui encore, j'entends le bruit de ce livre qui s'écrase au sol, à l'image de la vic d'Éric. Jeune, doué et béni par la présence auprès de lui d'une épouse et d'une petite fille, Éric débordait de potentiel.

L'histoire ne s'est pas terminée ce jour-là. Éric a fini par devenir un prédateur sexuel, allant même jusqu'à maltraiter sa propre fille. Il purge actuellement plusieurs années d'emprisonnement, dans la repentance et la souffrance, pour avoir choisi de pousser sa vie vers le bord du gouffre jusqu'à ce que la loi de la gravité l'emporte.

Combien de chrétiens parmi nous espèrent que Dieu les gardera du désastre et du malheur, mais commettent chaque jour de petits actes immoraux apparemment sans conséquence qui les entraînent, centimètre après centimètre, vers un degré d'immoralité plus grand ? (Une enquête menée lors d'un rassemblement de 1 500 croyants a révélé que la moitié de ces hommes avaient regardé de la pornographie la semaine précédente.)

Isabelle et Carl avaient eux aussi grandi dans leur église locale. Quand le responsable du groupe de jeunes les mit en garde contre les relations sexuelles avant le mariage, ils eurent du mal à prendre ses avertissements au sérieux. En effet, les films, les séries TV et la musique qu'ils affectionnaient abordaient régulièrement la sexualité d'une autre manière. Un soir, après la rencontre habituelle du groupe de jeunes, Isabelle a cédé aux avances de Carl. Rien à voir toutefois avec tout ce qu'ils avaient vu au cinéma: leur expérience fut douloureuse et leur laissa un goût amer… Le lendemain et les jours suivants, Isabelle se sentit horriblement mal. Carl lui en voulait, affirmant qu'elle n'aurait pas dû le laisser faire.

Isabelle multiplia peu à peu les partenaires sexuels, dans l'espoir de trouver enfin un homme qui l'aimerait. En vain. À son grand désespoir, ces hommes se contentaient de l'utiliser avant de la laisser tomber. Elle cessa de fréquenter l'église. Un jour, elle découvrit qu'elle était enceinte et une amie l'encouragea à avorter. Ses rêves sont désormais hantés par la pensée de cet enfant qu'elle n'a pas laissé vivre.

Isabelle pourrait revenir à Christ, qui désire tant lui pardonner, mais son cœur est si meurtri qu'elle n'y croit plus. Droguée et prostituée, elle a été victime d'un viol et a tenté de mettre fin à ses jours. Dernièrement, elle a subi un second avortement. Son regard est éteint. Plus la moindre étincelle d'espoir dans son cœur.

Et Carl ? Après avoir perdu tout intérêt pour les questions spirituelles, il est devenu athée. Il étudie maintenant à l'université où il a connu plusieurs partenaires. Il éprouve un grand vide intérieur, mais il multiplie les expériences susceptibles de lui apporter le bonheur.

Lucie, une jeune chrétienne, décréta que son mari n'était pas assez romantique. Malgré ses qualités, cet homme, membre fidèle de leur église locale, n'était pas à la hauteur des stéréotypes du prince charmant véhiculés par Hollywood. Elle le trompa donc avec un autre homme qu'elle finit par épouser. Bien des années plus tard, après avoir infligé un chagrin indescriptible à sa famille et à elle-même, Lucie est revenue à Christ. « Si seulement je pouvais retrouver mon premier mari, reconnut-elle, mais il est trop tard ». Oui, c'est bien vrai, Dieu a pardonné à Lucie et il a encore des projets pour sa vie. Toutefois… elle a payé un prix terrible pour ses erreurs.

Pris au piège dans le tube digestif d'un gros poisson de la Méditerranée, le prophète Jonas fit ce constat malheureux : « Ceux qui s'attachent à de vaines idoles se privent de la grâce » (Jonas 2 : 9).

Une idole est bien plus qu'une statue grotesque, pourvue d'une grosse tête et d'un rubis dans le nombril. Une idole est un substitut de Dieu. Une chose (n'importe quoi) à laquelle nous accordons plus d'importance qu'à Dieu. Pour pouvoir nous attacher à une telle idole, nous procédons à un échange.

Notre comportement sexuel révèle la personne ou l'objet qui dirige notre vie (voir Romains 1 : 18-32). Le péché sexuel est une forme d'idolâtrie parce qu'il met nos désirs charnels à la place de Dieu.

Ceux qui se détournent de Dieu pour embrasser un substitut subissent une perte terrible. Pourquoi ? Parce qu'ils ont été créés pour trouver leur joie en Dieu et non pour la puiser dans un produit de substitution. Ils échangent les bénédictions présentes et à venir que Dieu nous offre pour des plaisirs immédiats, des plaisirs qu'ils peuvent voir, sentir et goûter. Ces plaisirs ne les satisferont *jamais*.

Je l'ai fait. Vous aussi. À un degré ou à un autre, tout pécheur échange ce qu'il possède (et aurait pu posséder) pour un mensonge. Parfois les mensonges se font plus graves et les enjeux plus gros. Nous continuons à pousser inexorablement notre vie vers le gouffre. Pour satisfaire certaines poussées hormonales ou un fantasme secret, nous sommes prêts à troquer notre avenir.

Cet échange est terrible. Un pacte passé avec le diable qui ne respecte jamais sa parole.

Chaque jour, des croyants sacrifient leur bonheur futur pour connaître une satisfaction sexuelle temporaire. Comme des drogués, ils passent d'une « défonce » à l'autre, échangeant le plaisir d'une vie morale pour une euphorie immédiate et éphémère qui les laissera toujours vides et assoiffés.

C'est exactement ce qu'a fait Éric.

Il a sacrifié une épouse qui le chérissait, une petite fille qui l'aurait aimé, le respect de sa famille, de ses amis, de ses collègues et de son église. Il a sacrifié une vie entière de marche avec le Christ.

Au bout du compte, il a même sacrifié sa liberté.

Chaque regard qui alimente notre convoitise sensuelle nous rapproche un peu plus du gouffre et du moment où la loi de la gravité finit par l'emporter et par précipiter notre vie dans le vide.

Qu'allons-nous y perdre ? Qu'allons-nous sacrifier qui aurait pu ou aurait dû nous appartenir ?

Où serait Isabelle aujourd'hui si elle avait préservé sa pureté ? Au lieu d'être une prostituée, hantée par le viol et les avortements, elle aurait pu briller pour Jésus en prenant position pour lui sur son lieu de travail, remplie de joie et d'espoir pour l'avenir. Carl aurait pu connaître le même avenir. Si seulement…

Et Lucie, qui souhaitait avoir un mari plus romantique ? Elle a sacrifié, elle aussi, ce qui lui appartenait ou aurait pu lui appartenir. Qui sait ce que la grâce de Dieu avait en réserve pour elle ? Une conscience pure et une paix inestimable ? Des années de complicité chaleureuse et satisfaisante avec son mari ? Le respect et l'affection de ses enfants et petits-enfants ? Une influence durable sur les jeunes femmes de son entourage qui s'inspireraient de son exemple ? Un ministère qui toucherait de nombreuses vies ? Des récompenses (qui défient l'imagination) dans l'au-delà ?

Oui, Dieu lui a pardonné. Complètement. Mais les conséquences de ses choix demeurent.

Écrasés par ces conséquences, certains se sentent désespérés et vaincus. Beaucoup ont renoncé à se battre pour la pureté. D'autres n'ont jamais essayé. Nous avons tous besoin de comprendre où nos choix d'aujourd'hui peuvent nous mener demain.

Une fois perdues, certaines occasions ne se représenteront jamais. Nous ne pouvons pas vivre en pensant sans arrêt à ce qui aurait pu se passer. Nous devons accepter la réalité puis, par la grâce de Dieu, aller de l'avant.

Dans *Le Prince Caspian*, 2e volet de la série *Le Monde de Narnia* de C. S. Lewis, Lucy néglige de suivre les instructions du lion Aslan. Elle le prie alors de lui dire ce qui aurait pu se passer si elle avait obéi à sa voix plus tôt et si elle l'avait suivi au lieu de trouver des excuses. Le grand Lion lui répond : « Savoir *ce qui se serait passé*, mon enfant ?… Non. Personne ne le sait jamais [1] ».

---

1 Lewis C. S., *Le Monde de Narnia*, Gallimard Jeunesse, 2001-2002, p. 429.

CHAPITRE 2

Agir au mieux de notre intérêt

Ce qui frappe chez Éric, Lucie, Isabelle et Carl, c'est *qu'ils pensaient tous agir au mieux de leur intérêt lorsqu'ils ont donné libre cours à leur convoitise sensuelle.* Si nous avions pu interroger l'un ou l'autre en toute franchise juste avant qu'il renonce à sa pureté, il aurait dit : « Je le fais pour *moi*. Pour *mon* bonheur ».

Ce n'était pourtant pas du tout le cas.

Cela n'est jamais le cas.

En réalité et sans le vouloir, ils ont non seulement blessé leur entourage, mais ils ont aussi agi contre leur propre intérêt.

Leurs actes étaient moralement répréhensibles, mais aussi *complètement stupides.*

Depuis l'adolescence, beaucoup d'entre nous ont entendu maintes raisons justifiant de marcher dans la pureté sexuelle. Dieu commande la pureté et interdit l'impureté. La pureté est bonne. L'impureté est mauvaise.

Est-ce vrai ? Absolument ! Mais on peut aussi ajouter que *la pureté est toujours un choix intelligent et l'impureté toujours un choix stupide.*

Voici donc ce que j'appelle *le principe de la pureté* : la pureté est toujours un choix intelligent ; l'impureté toujours un choix stupide.

Pas parfois.

Pas souvent.

Toujours. Vous n'êtes pas une exception. Je ne suis pas une exception. Il n'existe aucune exception.

Un Dieu saint a façonné l'univers de telle façon que les actes fidèles à sa personne et aux lois qui découlent de sa nature sont *toujours* récompensés. Par contre, les choix qui violent sa nature sont *toujours* punis. Dieu récompense tout acte de justice et punit tout acte d'injustice.

Cela ne signifie pas pour autant que Dieu intervient toujours directement. Cette loi morale ressemble à la loi de la gravité. Dieu l'a mise en place une fois pour toutes. Si un automobiliste insouciant accélère sur une route de montagne glissante et perd le contrôle de son véhicule, il ne tombe pas dans le précipice parce que Dieu a soudainement inventé la loi de la gravité pour le punir de son imprudence. La gravité était déjà en place.

De même, Dieu n'a pas besoin de punir la personne pornodépendante pour chacun de ses mauvais choix. *La punition est inscrite dans le péché même*. La honte, la dépravation et l'altération de la personnalité suivent immanquablement. Les Écritures disent de ceux qui se sont abandonnés à leur vice qu'ils vivent dans l'immoralité et « ont reçu en leur personne le salaire que méritaient leurs égarements » (Romains 1 : 27).

C'est ainsi que fonctionne l'univers moral de Dieu. Nous devons choisir notre propre voie, mais chaque voie s'assortit d'inévitables conséquences.

Les chemins de la vie sont parfois dangereux, mais Dieu nous aime au point d'avoir placé ici et là des panneaux d'avertissement : « Ne commets pas l'adultère » ou « Pas de relation sexuelle avant le mariage ». Nous ne sommes pas obligés d'obéir, mais nous devrons vivre avec les conséquences de nos choix.

Choisir la pureté, c'est emprunter le chemin de la sécurité. Choisir l'impureté, c'est prendre de grands risques. La pureté nous fera toujours du bien. L'impureté nous fera toujours du mal. *La pureté est toujours un choix intelligent et l'impureté toujours un choix stupide*. Prenez bien note de ce principe : il ne peut changer.

Considérez l'histoire de deux hommes racontée par Jésus :

> C'est pourquoi, celui qui écoute ce que je dis et qui l'applique, ressemble à un homme sensé qui a bâti sa maison sur le roc. Il a plu à verse, les fleuves ont débordé, les vents ont soufflé avec violence, ils se sont déchaînés contre cette maison : elle ne s'est pas effondrée, car ses fondations reposaient sur le roc. Mais celui qui écoute mes paroles sans faire ce que je dis, ressemble à un homme assez fou pour construire sa maison sur le sable. Il a plu à verse, les fleuves ont débordé, les vents ont soufflé avec violence, ils se sont déchaînés contre cette maison : elle s'est effondrée et sa ruine a été complète.
>
> MATTHIEU 7:24-27

Jésus évalue l'obéissance, non pas pour sa vertu, mais pour sa *sagesse*.

Il évalue la désobéissance, non pour sa nature immorale, mais pour sa *folie*. C'est par ses propres décisions stupides que l'homme s'est condamné à une « ruine complète ». Celui qui obéit n'est pas appelé un homme *juste* ou *spirituel* mais un homme *sensé*.

Il fait tout simplement preuve d'intelligence.

Les plus grandes victoires de Satan et nos pires défaites surviennent lorsqu'il nous pousse à nous demander: «Dois-je choisir ce que Dieu me demande… *ou* dois-je faire ce qui est pour mon bien?» Le fait même de formuler cette question de la sorte montre à quel point nous sommes dans l'erreur.

Le seul moyen de choisir systématiquement la voie de Dieu est de comprendre que sa voie est *toujours* la meilleure pour nous.

Motivations multiples

«Attendez une minute, me direz-vous. Il est question ici d'une motivation purement égoïste, qui n'a rien de spirituel. La seule motivation du chrétien ne devrait-elle pas être son amour pour Dieu?»

Apparemment, non.

Les Écritures fournissent de multiples raisons d'obéir à Dieu, parmi lesquelles figure l'amour. Mais la Bible nous donne clairement deux autres motivations qui sont en lien direct avec notre intérêt personnel: la crainte de Dieu et l'espoir d'une récompense.

Si nous pensons que ces raisons ne sont pas spirituelles, c'est que nous passons à côté d'une doctrine biblique essentielle.

La crainte de Dieu correspond à un profond respect pour sa sainteté, qui inclut la peur des conséquences de notre désobéissance à ses commandements. Le fait de peser les conséquences de nos actes peut nous motiver à rester purs.

Nous pouvons aussi argumenter en faveur de la pureté parce que Dieu est par nature un Dieu qui récompense (voir Hébreux 11 : 6) et qu'il ne manquera pas de nous rétribuer pour les choix que nous faisons et qui le satisfont. L'obéissance à sa volonté et à ses voies tisse la trame de cet état des plus rares et des plus merveilleux pour l'être humain : la joie.

> Je prends aujourd'hui le ciel et la terre à témoins : je vous offre le choix entre la vie et la mort, entre la bénédiction et la malédiction. Choisissez donc la vie, afin que vous viviez, vous et vos descendants. Choisissez d'aimer l'Éternel votre Dieu, de lui obéir et de lui rester attachés, car c'est lui qui vous fait vivre.
> DEUTÉRONOME 30 : 19-20

Nous pouvons choisir les bénédictions : la joie, la paix, la vie, l'espoir et la gaieté. Ou les malédictions : la tristesse, les cicatrices et les cendres.

Quand Caïn, le premier-né de l'humanité, est parvenu à un carrefour moral de sa vie, Dieu a tenté d'argumenter avec lui : « Pourquoi te mets-tu en colère et pourquoi ton visage est-il sombre ? Si tu agis bien, tu le relèveras. Mais si tu n'agis pas bien, le péché est tapi à ta porte : son désir se porte vers toi, mais toi, maîtrise-le ! » (Genèse 4 : 6-7).

C'est comme si Dieu disait : « Si tu choisis mon plan, tu trouveras le bonheur. Il y aura un sourire sur ton visage. C'est vrai, tu vis dans un monde déchu, mais si tu dis non aux mauvais désirs qui cherchent à te dominer, si tu marches avec moi, tu connaîtras ma paix. Si tu rejettes mes préceptes, tu seras livré à des forces qui détruiront ta vie ! »

La suite fait partie de l'Histoire.

L'argument sage et l'argument stupide

Dieu plaide-t-il vraiment en faveur de la pureté sexuelle parce qu'elle correspond à un choix sage tandis que l'impureté serait stupide ? Jugez-en vous-même :

> Pourquoi, mon fils, t'amouracherais-tu de la femme d'autrui ? Pourquoi donnerais-tu tes caresses à une inconnue ? L'Éternel surveille toute la conduite d'un homme, il observe tout ce qu'il fait. Celui qui fait le mal sera pris à ses propres méfaits, il s'embarrasse dans le filet tissé par son propre péché. Il périra parce qu'il n'a pas su se discipliner, il s'égarera enivré par l'excès de sa folie.
>
> PROVERBES 5 : 20-23

Pourquoi éviter l'adultère ? Parce que Dieu le verra et qu'il jugera. Mais avant même le jour du jugement, la personne infidèle se prendra les pieds dans « le filet tissé par son propre péché ». Prise au piège, elle mourra. Elle est donc la première victime de sa folie. Par contre, celui qui reste pur peut se réjouir et s'enivrer de l'amour de sa femme en profitant pleinement de leur complicité sexuelle (voir Proverbes 5 : 18-19).

Dans le chapitre suivant, Dieu demande :

> Peut-on mettre du feu dans sa poche sans que les vêtements s'enflamment ? Peut-on marcher sur des braises sans se brûler les pieds ? De même, celui qui court après la femme de son prochain ne demeurera pas indemne ; s'il la touche, il ne saurait rester impuni.
>
> PROVERBES 6 : 27-29

Les Proverbes comparent aussi l'homme qui se laisse séduire par l'adultère à un bœuf qui va à l'abattoir et à un oiseau qui se précipite dans le filet du chasseur *sans savoir qu'il y va de sa vie* ! (Proverbes 7 : 22-27).

Je ne sortirai *jamais* impuni de l'immoralité sexuelle. Dieu veut que je me rappelle cela… dans *mon* intérêt.

Faites votre choix

Un soir, alors que j'étais jeune pasteur, j'ai choisi de regarder une émission pornographique. Je me suis senti horriblement mal à l'aise. J'avais trahi mon Dieu, ma femme et mon église. Je m'étais montré insensé. J'ai eu un aperçu terrifiant de ce que je pouvais facilement devenir, mais la honte n'a pas suffi à me délivrer. Il me fallait commencer à *penser* (et à *choisir*) différemment.

Voulez-vous *vraiment* ressembler à un bœuf mené à l'abattoir ? Si c'est le cas, continuez à flirter avec votre voisin ou avec la nouvelle réceptionniste au boulot. Continuez à fréquenter cette fille ou ce garçon assis à vos côtés en classe. Continuez à regarder ces publicités, ces séries télévisées, ces films ou ces sites internet qui vous inondent d'images sexuelles comme autant de flèches empoisonnées. L'abattoir est droit devant vous.

Par contre, si vous désirez quelque chose de meilleur, de formidable, faites plutôt le choix de la pureté.

Peu importe si vous avez l'impression de « penser à vos propres intérêts » dans ce domaine. Il est *juste* et *bon* de préserver sa virginité ! Il est *bon* d'encourager nos enfants à se garder purs pour le mariage, non seulement pour la gloire de Dieu, mais aussi *pour leur propre bonheur* !

Il est tout à fait justifié d'évoquer la perspective de chagrin et d'autodestruction comme autant de raisons d'éviter l'impureté. C'est exactement ce que font les Proverbes.

L'un des anciens de mon église m'a avoué : « J'ai déjà été parfois fortement tenté de tromper ma femme. J'aimerais pouvoir affirmer que c'est mon amour pour elle et mon amour pour Dieu qui m'ont empêché de tomber dans la tentation. La vraie raison qui m'a empêché de faire le mauvais choix, c'est une *terrible peur*. J'étais certain que si j'empruntais ce chemin, Dieu laisserait ma vie se transformer en cauchemar ! »

Voilà un homme sage. Un homme qui a agi dans son propre intérêt. Il savait que l'impureté est punie et la pureté récompensée et que, de plus, il y aura aussi une rétribution céleste. Il avait tout à perdre dans cette transaction et il était trop intelligent pour l'accepter.

La crainte de l'Éternel est-elle une motivation de moindre valeur ? Non ! Ce frère n'a jamais chuté. Il n'a jamais mis sa famille en péril. Il n'a jamais plongé son église dans la honte. Il n'a jamais brisé le cœur de sa femme. Il n'a jamais détruit ses enfants. Il n'a jamais galvaudé son ministère.

Pensez-vous que sa femme et ses enfants soient reconnaissants de ce que la crainte de l'Éternel l'ait gardé pur devant la tentation ? Absolument.

La crainte de l'Éternel ne doit pas nous faire perdre tous nos moyens. Au contraire, elle doit nous donner les moyens de faire les bons choix devant la tentation. « La crainte de l'Éternel est une source de vie, pour s'écarter des pièges de la mort » (Proverbes 14 : 27 – *Colombe*).

Ceux qui ont succombé à la tentation sexuelle ne l'ont *pas* fait dans leur propre intérêt. Ils ont plutôt cherché ce qu'ils *imaginaient* être dans leur intérêt, en vertu des mensonges que le diable les avait amenés à croire. S'ils avaient poursuivi *leur* véritable intérêt, ils auraient fui la tentation comme on fuit devant un cobra sur le point de mordre ou devant une grenade dégoupillée. Ils se seraient accrochés de toutes leurs forces à la pureté comme un homme à la mer s'accroche à une bouée. Combien leur vie et leur famille seraient différentes aujourd'hui s'ils l'avaient fait !

Quand Dieu nous appelle à vivre dans la pureté, il ne cherche pas à nous priver de la joie. Au contraire, il nous appelle plutôt à choisir la source de la plus grande joie !

Choisir la pureté revient à se placer dans la bénédiction de Dieu. Choisir l'impureté revient à se placer dans la malédiction de Dieu.

La décision nous appartient. Votre choix consiste à exprimer votre souhait dans l'une des deux prières suivantes :

- Dieu, bénis-moi parce que je t'obéis.
- Dieu, maudis-moi parce que je te désobéis.

Quelle prière exprimez-vous à travers vos choix aujourd'hui ?

La bataille la plus stratégique

Des études montrent qu'il est devenu pratiquement impossible de distinguer la moralité sexuelle des chrétiens d'aujourd'hui de celle des non-chrétiens. Il est souvent impossible de distinguer où s'arrête le monde et où commence l'Église.

Notre incapacité de suivre les enseignements de l'Écriture dans ce domaine mine notre capacité d'accomplir ce que Dieu nous a appelé à faire. Pourquoi ? Parce que si nous ressemblons au monde, nous n'avons rien à lui offrir. Un monde impur ne sera jamais gagné à Christ par une Église impure.

Pourquoi la pureté sexuelle s'inscrit-elle aussi profondément dans une vie qui vaut la peine d'être vécue ?

Pourquoi la sexualité préconjugale et extraconjugale est-elle si toxique pour la foi ? Pourquoi tant de personnes ont-elles essayé, encore et encore… et échoué, encore et encore ? Comment éviter les appâts et les pièges qui nous emprisonnent et font de nous des esclaves en nous empêchant d'accéder à la vie en abondance ?

Il n'est pas exagéré de dire que nous abordons ici des thèmes d'une importance cruciale : c'est une question de vie ou de mort ! Le temps que vous allez consacrer à lire le reste de ce livre peut vous épargner un désastre. Cela peut vous mettre sur une voie pour laquelle vous (et votre famille) serez toujours reconnaissant.

CHAPITRE 3

La sexualité : pourquoi en faire tout un fromage ?

Avez-vous déjà entendu dire qu'aux yeux de Dieu tous les péchés se ressemblent ?

Paul n'est pas de cet avis. Voyez ce qu'il dit aux gens de Corinthe, ville saturée par le sexe :

> Fuyez l'immoralité sexuelle. Tout autre péché qu'un homme commet est extérieur à son corps, mais celui qui se livre à l'immoralité sexuelle pèche contre son propre corps.
>
> 1 CORINTHIENS 6 : 18 – *SEGOND 21*

D'entrée de jeu, le péché sexuel apparaît qualitativement différent. Pourquoi ? Parce que la sexualité ne touche pas seulement à nos actes ; la sexualité touche à *notre identité*. Si nous décidons d'avoir une relation sexuelle, nous mettons notre vie en jeu. Nous cédons quelque chose que nous pourrions ne jamais récupérer.

La pureté et l'impureté dépassent les questions périphériques de comportement, de culture et de coutume. Elles transpercent l'âme. Elles s'immiscent jusqu'au cœur même de notre identité présente et future.

La sexualité n'a pas été inventée par Hollywood, Madonna ou un quelconque pervers sur Internet. La sexualité a été créée par un Dieu infiniment saint, enveloppé d'une lumière et d'une gloire aveuglantes et entouré par des anges parfaits et rayonnants. L'excellence de la sexualité est directement liée à l'excellence de son Créateur.

« Dieu considéra tout ce qu'il avait créé, et trouva cela très bon » (Genèse 1 : 31). La sexualité est incluse dans ce « tout » qu'il jugea si bon. Même après la chute, la Parole de Dieu évoque ouvertement le plaisir de l'union sexuelle dans le mariage (voir Proverbes 5 : 18-19 ; Cantique des cantiques 4 : 5 ; 7 : 1,6-9).

La sexualité est le moyen par lequel les enfants sont conçus et l'intimité conjugale exprimée. Les deux sont très importants aux yeux de Dieu. Quand l'union sexuelle s'inscrit dans le contexte adéquat, dans un esprit de don de soi, le Créateur se réjouit.

La puissance de la sexualité

Voici ce qui rend le principe de la pureté si important :

> La sexualité est extrêmement puissante : elle peut générer un bien immense ou… un préjudice immense.

Le feu est un don de Dieu. Que ferions-nous sans lui ? Vous êtes-vous déjà assis autour d'un feu de camp crépitant, lors d'une nuit froide et claire en pleine nature ? Pourtant, lorsque ces flammes bienfaisantes échappent à notre contrôle, qu'arrive-t-il ? Elles produisent des dégâts terribles. La souffrance. La mort.

Une fois sortis des limites prévues par leur Créateur, les dons les plus merveilleux de Dieu deviennent extrêmement destructeurs. Il en va de même de la sexualité. Son potentiel profondément positif possède un revers : un grand potentiel de destruction.

Tant que les flammes restent confinées dans l'âtre, elles nous réchauffent, mais si le feu est « libéré », il consume entièrement la maison.

J'ai parcouru les ruines fumantes de vies dévastées par l'immoralité. J'ai partagé le désespoir de ces êtres alors qu'ils s'interrogeaient sur la possibilité de pouvoir reconstruire un jour. (Ils le peuvent, mais s'en convaincre est autrement plus difficile.) Ces scènes sont à jamais inscrites dans ma mémoire.

Par contre, adopter la pureté comme règle de vie revient à revendiquer un don magnifique. La pureté revêt une beauté sans égal… comme le parfum d'une rose après une averse estivale. Et cette beauté n'aura pas de fin car tous ceux qui vivront au ciel seront purs (voir Apocalypse 21 : 27).

Où sont les limites ?

Selon la Bible, le cadre dans lequel s'exerce la sexualité correspond à celui du mariage. Sexualité et mariage vont de pair. *L'union sexuelle a pour but l'expression d'un engagement à vie*. En dehors du mariage, l'engagement durable n'est pas pris. L'acte sexuel devient donc un mensonge.

La sexualité est un privilège indissociable des responsabilités de l'alliance sacrée du mariage. Revendiquer le privilège sans la responsabilité pervertit l'intention divine. Tout acte sexuel extérieur au mariage déprécie à la fois le mariage et la sexualité.

La sexualité est conçue pour exprimer l'union de deux êtres et de deux âmes, et pas seulement de deux corps. Elle doit être partagée avec la personne envers laquelle vous vous êtes engagé à 100 % (engagement exprimé par le mariage légal), et non vécue avec un être auquel vous n'êtes pas lié.

L'argument « Mais nous nous aimons vraiment ! » n'a rien à voir avec l'éthique de l'intimité sexuelle. La sexualité n'est pas rendue acceptable par des sentiments subjectifs, mais uniquement par l'engagement objectif et définitif du mariage. Ce sont là les règles de Dieu. Nous ne pouvons rien faire pour les modifier. Ces règles sont toujours en vigueur. Si nous les brisons, elles nous briseront à leur tour.

Le voyageur intelligent ne maudit pas les glissières de sécurité. Il ne se plaint pas en disant : « Ce garde-fou a rayé l'aile de ma voiture ! » Il jette un œil dans le précipice, il aperçoit des carcasses de véhicules en contrebas et *remercie Dieu* pour la glissière de sécurité.

Les garde-fous de Dieu sont ses lois morales. Ils se dressent entre nous et notre perte. Ils existent, non pas pour nous punir ou nous priver, mais pour nous protéger.

La pureté et la volonté de Dieu

Paul a écrit sur la pureté sexuelle un passage très fort qui semble bien faire écho aux thèmes de « sage » et « insensé » :

> Ce que Dieu veut, c'est votre progression dans la sainteté : c'est que vous vous absteniez de l'immoralité sexuelle, c'est que chacun de vous sache garder son corps dans la consécration et la dignité, sans le livrer

> à la passion du désir comme les membres des autres peuples qui ne connaissent pas Dieu ; c'est que personne dans ce domaine ne fasse de tort à son frère ou ne porte atteinte à ses droits, parce que le Seigneur fait justice de tous ces actes, comme nous vous l'avons déjà dit et attesté. En effet, Dieu ne nous a pas appelés à l'impureté, mais à la consécration. Celui donc qui rejette ces instructions ne rejette pas un homme, mais Dieu, qui vous a aussi donné son Saint-Esprit.
>
> 1 THESSALONICIENS 4 : 3-8 – *SEGOND 21*

Combien de fois avez-vous entendu l'expression « chercher la volonté de Dieu » ? Nous évoquons la volonté de Dieu comme si nous en avions perdu la trace ou comme s'il s'agissait d'une espèce de Rubik's Cube qui demande des années de travail et l'intelligence de Einstein pour être résolu.

Vous n'avez toutefois pas à vous demander ce que Dieu pense de la sexualité extraconjugale. *La volonté de Dieu est que nous soyons sanctifiés (mis à part ou saints) et que nous évitions toute immoralité sexuelle.*

Difficile d'être plus clair, non ?

Bon nombre de gens « cherchent la volonté de Dieu », mais beaucoup d'entre eux ne se soucient pas de vivre en accord avec ce que la Parole déclare comme étant la volonté de Dieu. À quoi bon chercher la volonté de Dieu pour les questions de moindre importance si vous ne tenez pas compte de ce qu'il a *déjà très clairement ordonné* : rester purs ?

Il n'y avait pas de place pour la convoitise sensuelle dans la vie des disciples des débuts de l'Église, et ceci les distinguait véritablement de la culture païenne environnante. L'Église aujourd'hui a désespérément besoin de redécouvrir cet aspect essentiel de son identité : elle est l'Épouse sans tache.

Le problème n'est pas la *passion*, mais bien la convoitise. Nous servons un Dieu *passionné*. Nous devons l'aimer et le servir *passionnément*. Mais nous avons besoin de cultiver notre passion pour la bonne cause !

Si nous devons « savoir garder notre corps », c'est que cette qualité n'est pas *naturellement* en nous et que nous devons l'apprendre. Il nous faut donc mettre en place un apprentissage et de la discipline.

Résister à la tentation correspond au refus vigoureux, courageux et obstiné de violer la loi de Dieu. Il s'agit d'en appeler systématiquement à Christ pour avoir la force de dire « non » au monde, à la chair et au diable, et de dire « oui » à Dieu. Nous faisons cela dans le contexte de notre recherche de la joie ultime que seule peut procurer la connaissance de Dieu.

Vous ne pouvez pas vous comporter de manière *naturelle* car vous n'auriez aucune chance de vous en sortir.

Par contre, si vous agissez *surnaturellement*, en puisant des forces dans la puissance du Christ en vous, vous connaîtrez de grandes bénédictions personnelles, aujourd'hui et demain.

Voulez-vous faire la volonté de Dieu ? Vraiment ? Alors adoptez la pureté pour règle de vie. Apprenez à maîtriser votre corps. Refusez de profiter sexuellement de qui que ce soit. En agissant de la sorte, vous échappez au châtiment de Dieu et vous goûterez à la joie d'une vie qui est agréable à Jésus.

À qui appartient votre corps ?

Lorsque j'aborde le thème de la pureté devant un groupe, il m'arrive d'emprunter un crayon à quelqu'un. Ensuite, je le casse en deux, je le jette par terre et je l'écrase du pied. Les regards s'écarquillent dans la pièce, assortis d'exclamations étouffées. Je demande aux participants pourquoi ils sont choqués. L'un d'entre eux finit toujours par répondre : « Parce que vous avez cassé *son* crayon ! »

J'explique alors qu'il s'agissait, en réalité, de *mon* crayon et que je l'avais donné à la personne à l'avance, en lui indiquant de me le rendre quand je le lui demanderais. Brusquement, tout est différent. Si le crayon m'appartient, j'ai le droit d'en faire ce que je veux, mais s'il appartient à un autre, je ne dispose pas de ce droit.

Alors, à qui appartient mon corps ?

> Ignorez-vous que [...] vous ne vous appartenez donc pas à vous-mêmes. Car vous avez été rachetés à grand prix. Honorez donc Dieu dans votre corps.
>
> 1 CORINTHIENS 6:19-20

Quand je suis venu à Christ, l'acte de propriété de ma vie a été transféré de moi à Dieu. Quelqu'un m'a acheté et a payé le prix. Quel prix ? Celui du sang versé par Jésus. Nous lui appartenons à la fois en vertu de la création et de la rédemption. Il a parfaitement le droit de me dire ce que je dois faire de mon esprit et de mon corps. *Je n'ai pas le droit de disposer de mon corps comme je l'entends.*

Heureusement pour moi, Dieu agit toujours non seulement pour sa gloire, mais aussi dans mon intérêt. Je peux donc avoir la conviction que ce qu'il m'a interdit de faire m'aurait blessé, et que ce qu'il me commande de faire, c'est pour mon bien.

CHAPITRE 4

Ciblé et vulnérable

Si vous êtes chrétien, vous êtes un homme ciblé, une femme marquée. Les forces du mal ont mis votre tête à prix. Satan a résolu de vous avoir. S'il ne peut pas vous emmener en enfer, il fera de son mieux pour faire de votre vie un enfer sur terre.

Pendant mes études de théologie, je me souviens avec embarras de ma réaction en apprenant qu'un responsable chrétien très connu s'était rendu coupable d'immoralité. Moi, commettre l'adultère ? Jamais de la vie ! Je savais que *jamais* je ne trahirais le Seigneur et ma femme de cette façon. Pas moi.

Par la grâce de Dieu, je n'ai jamais eu de relation sexuelle avec une autre personne que ma femme, mais je le dois beaucoup au fait d'avoir eu mes yeux ouverts. J'ai fini par comprendre cette vérité effrayante : cela *pourrait* vraiment m'arriver. Et j'avais été *insensé* de penser le contraire.

Si vous croyez que vous ne serez jamais cambriolé, pourquoi ne pas laisser les fenêtres de la maison ouvertes et de l'argent liquide sur la table ? Si vous pensez que vous ne faillirez jamais moralement, pourquoi ne pas vivre dans l'insouciance sans prendre la moindre précaution ?

« L'orgueil précède la ruine ; un esprit fier annonce la chute » (Proverbes 16 : 18). Dieu nous laisse le choix : soit que nous nous humilions nous-même, soit que Dieu s'en charge (voir 1 Pierre 5 : 5-6).

Ne vous bercez pas d'illusions en pensant que cela ne peut pas vous arriver : vous pouvez en effet bel et bien tomber. *Et si vous pensez que vous êtes à l'abri, cela va alors probablement vous arriver.*

Quand j'étais pasteur, je conseillais une jeune femme lorsqu'il m'apparut soudain avec effroi qu'elle était attirée par moi. Mais voici ce qui m'a fait vraiment fait peur : ayant ressenti son intérêt pour moi dès le début… j'avais trouvé son attention flatteuse !

Comme je n'étais pas (encore) impliqué émotionnellement envers elle, j'étais tenté de chercher des excuses. Au plus profond de moi, pourtant, je percevais un signal d'alarme. Je savais que j'avançais sur un terrain miné. Dieu me rappela que tous les adultères dont j'avais appris l'existence avaient toujours commencé par des faits « anodins ». Alors j'ai pris la fuite. J'ai pris d'autres dispositions. Elle pouvait poursuivre le programme d'accompagnement… avec un autre. Ma décision l'a peut-être blessée, mais ce fut un moindre mal. Dieu seul sait (et je ne veux pas le savoir) ce qui aurait pu se produire dans le cas contraire.

Nous sommes généralement plus vulnérables lorsque nous sommes fatigués, isolés, seuls, découragés, déprimés, furieux ou en proie à des difficultés relationnelles, en particulier avec notre conjoint. N'imaginez pas un seul instant que les démons l'ignorent ou hésiteraient à fondre sur nous dans ces circonstances précises. « Après l'avoir tenté de toutes ces manières, le diable s'éloigna de lui jusqu'à un moment favorable » (Luc 4 : 13 – *Segond 21*).

L'avertissement de Paul mérite une place de choix sur notre tableau de bord, notre bureau, notre agenda électronique et notre écran d'ordinateur : « C'est pourquoi, si quelqu'un se croit debout, qu'il prenne garde de ne pas tomber » (1 Corinthiens 10 : 12). Pour paraphraser, on pourrait dire : « Celui qui croit pouvoir se passer de prendre des précautions est vraiment un idiot ».

Tout sera révélé

Violer les normes morales de Dieu, c'est comme violer la loi de la gravité : impossible d'échapper aux conséquences !

> Ne vous faites pas d'illusions : Dieu ne se laisse pas traiter avec mépris. On récolte ce que l'on a semé. Celui qui sème pour satisfaire sa propre nature récoltera ce que produit la nature humaine : la corruption. Mais celui qui sème pour l'Esprit moissonnera, lui, ce que produit l'Esprit : la vie éternelle. Faisons le bien sans nous laisser gagner par le découragement. Car si nous ne relâchons pas nos efforts, nous récolterons au bon moment.
>
> GALATES 6 : 7-9

Tôt ou tard, le péché sexuel est révélé. « Sachez que votre péché vous retrouvera » (Nombres 32 : 23 – *Colombe*).

Salomon a dit : « Celui qui vit dans l'intégrité marche en sécurité. Celui qui suit des voies tortueuses sera vite démasqué » (Proverbes 10 : 9).

Voici une pensée qui devrait retenir toute notre attention : *la sphère du privé n'existe pas !*

Jésus a mis ses disciples en garde :

> Car tout ce qui se fait en secret sera dévoilé au grand jour, et tout ce qui est caché finira par être connu. Ainsi, tout ce que vous aurez dit en secret sera entendu

ouvertement en plein jour, et tout ce que vous aurez chuchoté dans le creux de l'oreille, derrière des portes bien closes, sera crié du haut des toits en terrasses.
LUC 12:2-3

L'une des plus anciennes tactiques du diable consiste à tisser une toile de confidentialité factice, projetant l'illusion du secret sur nos mauvais choix. Il affirme : « Personne ne regarde. Personne ne saura ».

Mais il ment. Quelqu'un nous regarde toujours. Quelqu'un sait déjà. Et, un jour, beaucoup d'autres sauront.

Nous n'échapperons jamais aux conséquences de nos actes.

Les conséquences du péché sexuel

Les antibiotiques peuvent nous protéger ou nous guérir de certaines maladies sexuellement transmissibles. Les contraceptifs réduisent les risques de grossesse, mais il n'existe aucun contraceptif pour la conscience.

La médecine peut éliminer certaines conséquences de mon péché. Elle ne peut toutefois pas supprimer ma responsabilité devant Dieu.

La Bible dit : « Si quelqu'un se détourne pour ne pas écouter la loi, sa prière même est en horreur à

Dieu» (Proverbes 28:9). Si nous ne pratiquons pas la pureté, nos prières et notre ministère deviennent complètement vains.

Le péché sexuel entrave notre communion avec Dieu. Si nous sommes pris au piège de l'immoralité, il n'y a qu'une seule prière qu'il souhaite nous entendre formuler: la prière de la confession et de la repentance.

Le péché d'Akân a provoqué la mort des membres de sa famille et de trente-six Israélites (voir Josué 7:1-26). Dieu est souverain dans la vie de tout être humain, mais manifestement, *les péchés cachés d'un seul individu peuvent engendrer de terribles conséquences pour d'autres.*

Caroline avait douze ans quand son père, l'un des responsables de la communauté locale, a trompé sa femme avec une fidèle de l'église et quitté sa famille. Profondément blessée, la mère de Caroline s'est remariée dans la hâte avec un non-croyant, en manquant cruellement de discernement.

Le scandale a influencé toute la communauté. Caroline a dû supporter les regards de pitié et de mépris chaque fois qu'elle se promenait en ville. Plus tard, la situation a empiré. La jeune fille a multiplié les mauvaises relations avec les hommes et les compromis sexuels.

Bien qu'entièrement responsable de ses actes, elle récolte aussi ce que son père a semé (voir Exode 20:5).

Toute femme dont le mari s'est laissé piéger par la pornographie peut témoigner des conséquences désastreuses sur leur intimité.

Un pasteur a démissionné à cause de pratiques homosexuelles. J'ai eu l'occasion de lui demander :

– Qu'aurait-on pu vous dire pour empêcher cela ?

Après avoir réfléchi quelques instants, il a répondu :

– Si quelqu'un avait pu m'aider à discerner l'impact tragique que cela aurait sur mon ministère et le discrédit jeté sur le nom du Christ, je n'aurais peut-être jamais succombé.

Reconnaître les mensonges du diable

Jésus a dit de Satan : « Lorsqu'il ment, il parle de son propre fond, puisqu'il est menteur, lui le père du mensonge » (Jean 8:44).

Le diable est un menteur malin et persuasif. Jésus, lui, dit la vérité qui nous rend libres (voir Jean 8:32). Paul dit du diable : « Nous ne connaissons en effet que trop bien ses intentions » (2 Corinthiens 2:11). Trop souvent pourtant, nous les oublions. Nous devons identifier ce que Satan fait pour nous détruire, afin de voir venir ses attaques et d'y résister.

> Ne vous laissez pas distraire, soyez vigilants. Votre adversaire, le diable, rôde autour de vous comme un lion rugissant, qui cherche quelqu'un à dévorer.
> 1 PIERRE 5:8

Parfois, lorsqu'une image sexuellement provocante apparaît devant moi, je ferme les yeux ou je détourne la tête et j'imagine un hameçon au bout d'une canne à pêche. Si j'hésite un seul instant (si je songe même à mordiller l'hameçon), il me percera la langue et me déchirera la chair. Je serai pris et entraîné par la ligne jusqu'à la surface. *L'appât a pourtant l'air appétissant.* Autrement, comment notre ennemi pourrait-il nous attraper et nous détruire ? Les tentations ont toujours l'air bonnes, sinon elles ne seraient pas tentantes.

Notre Dieu est toutefois infiniment plus puissant que le diable : « Celui qui est en vous est plus puissant que celui qui inspire ce monde » (1 Jean 4:4).

> Par sa puissance, en effet, Dieu nous a donné tout ce qu'il faut pour vivre dans l'attachement au Seigneur, en nous faisant connaître celui qui nous a appelés par la manifestation de sa propre gloire et l'intervention de sa force. Ainsi, nous bénéficions des dons les plus précieux et les plus grands que Dieu nous avait promis. Il a voulu, par ces dons, vous faire participer à la

> nature divine, vous qui avez fui la corruption que les mauvais désirs font régner dans ce monde.
>
> 2 PIERRE 1 : 3-4

Dieu avait averti les premiers humains que, s'ils mangeaient du fruit interdit, ils *mourraient certainement*, mais Satan leur avait dit qu'ils *ne mourraient pas*. Chaque fois que nous sommes tentés par le péché sexuel, nous devons choisir entre deux voix : celle de Dieu et celle du diable.

Laquelle choisirez-vous de croire ?

Une satisfaction plus grande

Les images sexuelles attirent mon esprit vers la convoitise sensuelle. Le monde, la chair et le diable m'inondent de messages de ce type :

- Tu te sentiras enfin un homme ;
- Cela soulagera ta souffrance, ta déception, ton stress ;
- Tu seras plus heureux.

« Dieu cherche simplement à te priver d'une bonne chose », murmurent les démons.

La Parole de Dieu montre la vraie nature du mensonge. Elle m'apprend que le véritable bonheur ne peut être trouvé qu'en Jésus-Christ.

Je reste confronté au même choix : faire confiance à Satan ou à Dieu.

Je dois choisir entre les fantasmes sexuels et l'intimité avec Dieu. Je ne peux avoir les deux. Si j'ai compris que Dieu m'offrait des joies et des plaisirs que les fantasmes sexuels ne peuvent pas m'apporter, j'ai déjà fait un grand pas en avant. Mais ce progrès ne peut se produire que si je recherche Dieu, si je fais de lui l'objet de ma quête et si je comprends que les fantasmes ne sont qu'un substitut bon marché aux bénédictions divines. Courir vers eux revient à s'éloigner de Dieu.

Quand ma soif de joie est satisfaite par le Christ, le péché devient inintéressant. Je dis « non » aux plaisirs éphémères de l'immoralité, non pas parce que je ne veux pas de plaisir, mais parce que je recherche le *véritable* plaisir, un plaisir plus grand et plus durable, qui ne peut être trouvé qu'en Christ.

John Piper a écrit :

> La flamme de la convoitise charnelle doit être combattue par la flamme des plaisirs divins. Si nous tentons de lutter contre le feu de la convoitise uniquement par les interdictions et les menaces (même les terribles avertissements de Jésus), nous échouerons. Nous devons le combattre par la promesse magnifique d'un bonheur bien supérieur. Nous devons confronter la minuscule étincelle de plaisir promise

> par la convoitise sensuelle à la déflagration de la sainte satisfaction[2].

Ceux qui s'abreuvent d'immoralité sont d'éternels insatisfaits (voir Jean 4:13). Ceux qui s'abreuvent de Jésus sont pleinement rassasiés (voir Jean 6:35). Je peux apaiser ma soif en Jésus ou je peux plonger plus profondément dans le péché en quête de ses vaines promesses.

Le reste de votre vie sera largement déterminé par la façon dont vous répondrez à cette question : *qui choisirez-vous de croire ?*

---

2 PIPER John, *Future Grace*, Multnomah Publishers Inc., 1995.

CHAPITRE 5

La bataille se joue dans notre esprit

Bernard étudiait la théologie et se préparait au ministère. Un soir, une dispute éclata entre sa femme et lui. Énervé, il sortit boire un café pour réfléchir au calme. Rapidement, il engagea la conversation avec une jeune femme. Quelques heures plus tard, il était au lit avec cette étrangère.

Honteux, Bernard vint me voir. « Comment l'avouer à ma femme ? Elle ne me pardonnera jamais. Ce fut si soudain… si inattendu. Jamais je n'aurais pu me douter que cela m'arriverait ! »

Vraiment ?

Bernard travaillait comme un forçat pour réussir ses études. Il avait progressivement accumulé de la rancœur envers son épouse, la considérant comme un obstacle, ainsi que leurs enfants. Il ne sortait plus avec elle et leur communication ne dépassait plus le stade des échanges informels.

Il avait commencé à feuilleter des magazines érotiques et à visionner des films pornos. Un parcours qui culmina par cette rencontre désastreuse et si… « inattendue ».

La vérité est que le péché sexuel n'est *jamais* inattendu. Il est le résultat prévisible d'un processus naturel : des relations négligées et un esprit exposé à l'impureté.

L'attitude de demain est forgée par les pensées d'aujourd'hui. La tentation peut survenir soudainement, mais pas le péché. Pas plus que nos réflexes moraux et spirituels. Tous résultent d'un processus sur lequel nous *exerçons* un contrôle.

Nous devenons ce que nous pensons. Nous forgeons notre moralité sexuelle à travers une succession ininterrompue de choix et d'actions, y compris nos petites indulgences et nos compromis mineurs. L'œil s'attarde par ici, l'esprit s'égare par là. Comme un appareil photo, notre esprit accumule les images auxquelles il est exposé, pures ou impures.

La bataille se joue dans notre esprit.

L'origine de la convoitise sensuelle

D'ordinaire, celui qui chute est pris par surprise. Il se demande comment cela a bien pu se produire. Jésus apporte une réponse sans équivoque :

> Car, c'est du cœur que proviennent les mauvaises pensées qui mènent au meurtre, à l'adultère, à l'immoralité, au vol, aux faux témoignages, aux calomnies, aux blasphèmes.
>
> MATTHIEU 15:19

> Vous avez appris qu'il a été dit: «Tu ne commettras pas d'adultère». Eh bien, moi je vous dis: si quelqu'un jette sur une femme un regard chargé de désir, il a déjà commis, dans son cœur, l'adultère avec elle.
>
> MATTHIEU 5:27-28

Les pharisiens se préoccupaient des apparences. Jésus place la barre morale bien plus haut en affirmant que la convoitise sensuelle est non seulement la source du péché sexuel, mais le péché lui-même. Il exclut la notion pharisaïque qu'un homme puisse déshabiller une femme du regard tout en restant pur.

La convoitise met le grappin sur tout ce que nous déposons dans notre esprit qui est susceptible de l'alimenter. Or, ce qui se trouve dans notre cerveau a pu y accéder par le biais de nos sens. Les images et les mots stockés dans notre esprit proviennent forcément de ce que nos yeux ont vu et nos oreilles entendu, ou d'une extrapolation résultant de ces informations.

La personne que nous devenons est déterminée par ce que nous laissons pénétrer dans notre cerveau. Si nous lisons les Écritures et de bons livres, si nous participons à des discussions centrées sur Jésus ou si nous nous soucions des personnes dans le besoin, nous nous orientons vers ce qui est juste.

Ce vieux dicton reste d'actualité : « Sème une pensée, tu récolteras un acte ; sème un acte, tu récolteras une habitude ; sème une habitude, tu récolteras un caractère ; sème un caractère, tu récolteras un destin ».

Les actes, les habitudes, le caractère et le destin commencent tous par une pensée et les pensées sont engendrées par ce que nous choisissons de mettre dans notre esprit. Voilà pourquoi notre principal organe sexuel est… notre cerveau !

Nourrissez-vous la convoitise sensuelle… ou l'affamez-vous ?

Nourrissez-vous votre passion pour le Christ… ou l'affamez-vous ?

Quels désirs se révéleront les plus puissants ? Ceux que vous nourrissez le plus.

Fixer des limites

Pour préserver notre pureté, nous devons nous fixer des limites mentales.

Sur une échelle de un à dix, l'adultère ou la dépendance à la pornographie pourraient correspondre à dix, le niveau le plus élevé. Mais la question est : quels sont les échelons situés au bas de cette échelle : le premier, le second et le troisième ? Si nous les identifions, nous pouvons empêcher une catastrophe.

Nous affirmons souvent vouloir être purs, puis nous faisons des choix qui sabotent notre pureté. Or, les choix ont des conséquences. Pour obtenir des conséquences différentes, nous devons poser des choix différents. Un homme m'a écrit :

> Je suis moi-même sujet à l'autodestruction. Je mets donc rapidement les gens en garde contre des comportements qui percent une brèche et permettent au péché d'accéder à leur vie et d'engendrer des conséquences beaucoup plus graves. La masturbation occasionnelle ne paraît peut-être pas mettre en péril des choix fondamentaux, mais où vous mènera votre péché ? Finirez-vous dans les bras de l'épouse d'un autre ? Dans ceux d'une prostituée ? Si vous n'y prenez pas garde, peut-être que d'ici dix ans, vous vous rendrez coupable d'abus sexuel envers des enfants. Le péché s'aggrave sans cesse. Combien de fois ai-je entendu des hommes dire : « Je ne suis pas si mauvais ! » ? Et moi, d'ajouter toujours : « Pas encore ! »

Pendant des années, j'ai évité une allée précise du supermarché de mon quartier pour ne pas traverser le rayon de la librairie. Plus tard, ma discipline mentale est devenue suffisamment forte pour m'obliger à détourner le regard. Toutefois, avant d'y parvenir, j'ai respecté la limite que je m'étais imposée. Même si cette règle était peu commode, elle représentait un petit prix à payer pour préserver ma pureté.

Nous avons une télévision, mais pas de chaînes câblées. Pas parce que nous croyons que le câble est mauvais, mais parce que nous ne voulons pas subir davantage de tentation à la maison.

Je ne prétends pas que vous deviez faire de même. Les limites varient d'une personne à l'autre. Une limite pourrait consister à ne pas s'arrêter devant le vendeur de journaux où sont exposés des magazines érotiques. Ou ne pas traverser certains quartiers de la ville. Ou ne jamais partir en voyage d'affaires tout seul.

Les limites empêchent la tentation de prendre pied dans notre vie. Elles s'appuient sur la constatation que *notre pureté sexuelle ne peut pas être renforcée si nous continuons à faire ce que nous avons toujours fait* ! Nous devons modifier nos habitudes. Nous sommes des sentinelles chargées de protéger un bien extrêmement stratégique. Notre Commandant en chef nous donne cet ordre :

> Par-dessus tout : veille soigneusement sur ton cœur,
> car il est à la source de tout ce qui fait ta vie.
>
> PROVERBES 4 : 23

« Par-dessus tout » signifie que cette mission devrait figurer en tête de liste de nos tâches quotidiennes. Il est essentiel que nous protégions notre être intérieur contre de nouvelles sources de tentation. Nous ne devons pas fournir à notre ennemi des munitions qu'il pourrait utiliser contre nous.

Bien entendu, notre chair exige que nous l'alimentions. « Nourris-moi », supplie-t-elle. Refusons en priant en ces termes : « Détourne mes regards des choses vaines, et fais-moi vivre dans les voies que tu as tracées ! » (Psaumes 119 : 37). Nous prenons une part active à l'exaucement de notre prière en détournant le regard. (Envisagez de coller ce verset sur votre poste de télévision.)

Nous ne devons pas nous laisser conformer par le monde, mais plutôt nous laisser transformer par le *renouvellement de notre intelligence* (voir Romains 12 : 2). Nous devons rejeter la convoitise sensuelle et la mettre à mort lorsqu'elle tente de nous harponner (voir Colossiens 3 : 5). Nous devons affirmer que nous sommes une nouvelle créature en Christ, couverte par sa justice (voir 2 Corinthiens 5 : 17, 21).

Votre esprit sanctifié, alimenté par la Parole de Dieu et nourri par son Esprit, surveille vos pensées. Il dit « oui » à ce qui réjouit le cœur de Dieu et « non » à ce qui lui déplaît.

Remplir son esprit de pensées pures

Je vous propose de suivre mes instructions pendant un moment.

Vous êtes prêt ? Allons-y… Ne pensez pas aux serpents. Je répète : ne visualisez *pas* de gros serpents visqueux qui sortent des canalisations de votre baignoire pendant la nuit pour se glisser dans votre lit. Vous m'avez bien entendu. *Ne pensez pas aux serpents.*

Vous ai-je aidé à ne pas imaginer des reptiles ? Non. Au contraire, je vous ai *encouragé* à y penser.

J'aimerais à présent que vous visualisiez votre dessert préféré. Il s'agit peut-être du gâteau aux pommes de votre grand-mère, d'une mousse au chocolat, d'un banana split ou encore d'une gaufre aux fruits et à la chantilly. Songez à ce délice si appétissant.

Que s'est-il produit pendant ces quelques minutes ? Vous avez complètement oublié les serpents visqueux… jusqu'à ce que je les mentionne à nouveau à l'instant.

Notre esprit n'est pas un espace vide. Il est rempli de *quelque chose*. Les pensées impures sont chassées par les pensées pures :

> Que tout ce qui est vrai, tout ce qui est honorable, tout ce qui est juste, tout ce qui est pur, […] soit l'objet de vos pensées.
>
> PHILIPPIENS 4:8 – *COLOMBE*

Il est difficile de supprimer les mauvais fichiers du disque dur de notre cerveau, mais nous pouvons réduire le nombre de *nouveaux* fichiers nuisibles que nous y stockons. Nous pouvons aussi ouvrir davantage de bons fichiers. Par un mécanisme de cause à effet, plus nous remplirons notre esprit de choses pures, plus notre pureté et notre résistance à la tentation seront grandes.

« Nous faisons prisonnière toute pensée pour l'amener à obéir au Christ » (2 Corinthiens 10 : 5). Quand les mauvaises pensées surgissent, nous les corrigeons et nous les remplaçons par la vérité divine.

Martin Luther a dit : « Vous ne pouvez pas empêcher les oiseaux de tourner au-dessus de votre tête, mais vous pouvez les empêcher de faire leur nid dans vos cheveux ». Nous ne pouvons pas empêcher le monde de projeter des images vers nous, mais nous pouvons les empêcher de s'installer dans notre esprit. Nous pouvons les en chasser immédiatement.

La masturbation est alimentée par le regard de convoitise sensuelle et par le manque de discipline. Quand nous nous y abandonnons, nous cherchons à soigner une souffrance (la solitude, le découragement, le rejet ou la peur). Nous devons donc aborder la cause première, demander à Dieu de répondre à ce besoin qui nous rend si vulnérables devant la tentation. Raisonnez en ces termes: «Feuilleter ce magazine ne résoudra pas mon problème. Au contraire, cela aggravera mes problèmes et cela rendra ma souffrance et ma solitude plus aiguës encore».

Nous ne devons pas nous contenter de dire: «Je ne me masturberai pas». Les bonnes intentions ne suppriment pas la convoitise sensuelle. À moins de protéger nos yeux et notre esprit, nous retomberons dans nos anciennes habitudes.

La victoire est possible. J'ai conversé récemment avec un homme guéri de compulsion sexuelle qui ne s'est plus masturbé depuis deux ans. La victoire continuera toutefois à nous échapper si nous laissons notre esprit consommer ce qui alimente notre convoitise sensuelle qui, à son tour, déclenche l'acte. La clé de la victoire de ce frère consiste à avoir protégé ses pensées.

Il existe des pulsions naturelles nécessaires à notre santé physique, mais ce n'est pas le cas de la sexualité (voir 1 Corinthiens 6:12-13). La privation de nourriture et d'eau provoque la mort, mais pas la privation d'activité sexuelle. Peu importe la force de notre désir, la sexualité n'est jamais une urgence, ni une nécessité. Un ami m'a dit: «Personne n'a jamais explosé d'une accumulation toxique de sperme!»

En apprenant à ne plus alimenter notre convoitise sensuelle, nous commençons à la maîtriser. Avec le temps, ses exigences deviennent moins pressantes et plus gérables.

L'effet de la convoitise sensuelle

La convoitise sensuelle, c'est de la promiscuité mentale. Voilà pourquoi le mariage ne résout pas le problème de cette convoitise. Un homme qui regarde les femmes continuera à le faire après le mariage. Un homme qui se masturbe continuera à se masturber.

Celui qui convoite passe d'une image à l'autre, d'un partenaire à l'autre. Les hommes mariés à une très belle femme sont, autant que les autres, susceptibles de devenir pornodépendants. Il s'agit d'une maladie de l'âme qui ne cesse de s'aggraver tant qu'il n'y a pas repentance et changement. (J'ajoute *changement* parce que beaucoup se repentent sans cesse, avant de retourner systématiquement vers leur esclavage.)

Celui qui convoite se promène avec un nœud coulant autour du cou. C'est un homme adultère qui attend qu'une femme adultère croise son chemin. Virtuelle ou réelle, elle finira par se montrer.

Certains justifient leur convoitise par le fait que leur conjoint ne satisfait pas leurs besoins sexuels. D'où tiennent-ils l'idée qu'ils se sont forgée de leurs besoins ? Dans les médias, où des hommes extrêmement bien bâtis et des femmes aux formes améliorées par la chirurgie et un régime draconien se jettent les uns sur les autres. Dieu prescrit d'autres critères de qualité (voir 1 Pierre 3 : 3-4).

Un pacte avec nos yeux

> J'avais conclu un pacte avec mes yeux : ils ne devaient jamais porter un regard chargé de désir sur une jeune fille.
>
> JOB 31 : 1

Voilà ce que Job a dit. Il avait convenu avec lui-même et avec Dieu de garder son cœur en gardant ses yeux. Les versets suivants décrivent les terribles conséquences du non-respect de ce pacte (voir Job 31 : 2-12).

Avez-vous passé un contrat avec vos yeux en vertu duquel ils ne doivent pas se poser sur un objet interdit et doivent se détourner immédiatement de tout ce qui peut les mener à la convoitise sensuelle ?

Appliquez-vous ce pacte de pureté dans les locaux de l'école ? Au bureau ? Au volant ? Devant la télé ? À l'église ?

Avez-vous parlé de ce pacte à un ami ? Avez-vous demandé à d'autres de prier pour vous et de vous demander d'en rendre compte ?

Dissiper le poison de la convoitise sensuelle

L'arsenic produit un effet cumulatif. Il tue, mais pas immédiatement. Il n'est pas nécessaire d'en ingérer de grandes quantités. Un peu par-ci, un peu par-là et finalement… la mort.

L'immoralité sexuelle est mortelle pour la vie chrétienne et le mariage. À travers elle, nous nous empoisonnons chaque jour un peu plus. Un roman, une émission télévisée, un film, un magazine, un calendrier, un regard, un commentaire grivois, l'approbation silencieuse d'une blague obscène.

Cet arsenic de l'âme nous empoisonne progressivement de sorte que nous ne nous sentons pas vraiment différents d'hier, alors que nous sommes devenus très différents de ce que nous étions il y a cinq ans.

Le croyez-vous ? Si oui, dites à Dieu : « Je sais que ces images sexuelles m'empoisonnent. Donne-moi la sagesse et la détermination de m'en détourner. Incline mon cœur plutôt vers ce qui t'est agréable ».

Avec le temps, en mangeant et en buvant les bonnes choses, vous pourrez éliminer le poison de votre organisme, mais vous ne pourrez vous rétablir si vous ne veillez pas à ne plus ingérer de l'arsenic !

Si vous croyez vraiment qu'une chose est toxique et si vous vous en abstenez assez longtemps, il se passe une chose merveilleuse. Votre désir pour elle *décroît*. Vous retrouvez la santé. Romains 7 est très clair sur l'emprise que peuvent avoir sur nous de mauvais désirs. Beaucoup ont toutefois lutté pendant de longues années éprouvantes contre la convoitise sensuelle et la pornodépendance avant d'en sortir victorieux.

Depuis des décennies, j'ai la conviction que les images érotiques diffusées à la télévision et au cinéma sont du poison. Oui, j'éprouve encore le désir de les regarder, mais ce désir est submergé par l'instinct de conservation qui me pousse à détourner le regard. Appelez-le comme vous voulez, mais le fait de détourner le regard est devenu une habitude profondément ancrée en moi. Il m'arrive encore d'échouer, mais plus comme des années auparavant. Nous sommes des créatures liées par des habitudes. L'Esprit de Dieu peut nous donner la force de nous forger de nouvelles habitudes.

En choisissant de me détourner de la tentation sexuelle, au moyen d'un pacte passé avec mes yeux (et par la grâce puissante de Dieu), je choisis le chemin de la vie et les bénédictions qui lui sont inhérentes. En disant non à la tentation, je dis oui à Dieu. Il se réjouit et il en est glorifié.

Et personne n'en bénéficie plus que moi.

CHAPITRE 6

Une stratégie intelligente

Imaginez un homme dont le péché mignon est le chocolat. Son médecin lui dit : « Plus de chocolat ». Il promet à Dieu : « Plus de chocolat ». Il promet à sa famille : « Plus de chocolat ». Il en appelle à l'église et demande la prière. Il s'inscrit même à un programme de désintoxication pour que le démon du chocolat perde enfin son emprise sur sa vie.

Cet homme-là prend ses engagements au sérieux.

Que fait-il ensuite ? Eh bien, s'il ressemble à beaucoup d'entre nous, il recommence à lire des articles consacrés au chocolat, il écoute des chansons qui parlent de chocolat et regarde des programmes télévisés sur la fabrication du chocolat. Il parle de chocolat à d'autres passionnés de chocolat. Au bureau, il échange des blagues chocolatées avec ses collègues et il jette souvent un œil sur le calendrier du chocolat accroché au mur. Il découpe dans le journal des bons de réduction pour des barres au chocolat et il s'abonne à *Désirs chocolatés* avec ses appétissantes photos couchées sur papier glacé.

Sur le chemin du bureau, il ne lui faut pas longtemps avant de faire un détour et de passer, « comme par hasard », devant le marchand de chocolat. Il baisse la vitre et inspire à pleins poumons. Très vite, il achète le journal du matin au kiosque situé juste à côté du marchand de chocolat et il s'attarde brièvement pour admirer les délicieuses bouchées au chocolat exposées en vitrine.

Puis il se souvient avoir un coup de fil à passer et, devinez quoi, la boutique de chocolat possède un téléphone public. Après tout, puisqu'il est sur place, pourquoi ne pas prendre une tasse de café ?

Rappelez-vous que cet homme n'a pas la moindre intention de briser sa promesse en mangeant du chocolat, mais l'issue tout à fait prévisible et inévitable de son comportement est *qu'il va craquer et consommer du chocolat* !

Je perçois déjà ses tristes lamentations : « Que s'est-il passé ? J'ai pourtant prié ! J'ai demandé à d'autres de prier pour moi. J'ai demandé à Dieu de me délivrer. À quoi bon tous ces efforts ? J'abandonne. J'ai fait de mon mieux et regardez le résultat ! »

La première et la plus fondamentale des stratégies

Si nous ne devons tirer qu'une seule leçon de la parabole du chocolat, c'est que les bonnes intentions les plus sincères et même les prières, ne suffisent pas. Pour vaincre la tentation, nous devons adopter des objectifs clairs et des stratégies saines, et nous devons les appliquer avec rigueur.

Quelle est notre première ligne de défense contre l'impureté ?

> Fuyez l'immoralité sexuelle.
> 1 CORINTHIENS 6:18 – *SEGOND 21*

En matière de tentation sexuelle, la lâcheté est une stratégie payante. Celui qui hésite (et se cherche des excuses) est perdu. Celui qui prend la fuite garde la vie sauve.

Les Écritures sont catégoriques :

> N'entre pas dans le sentier des méchants et ne t'avance pas dans la voie des hommes mauvais. Évite-la, n'y passe pas ; détourne-t'en et passe outre.
> PROVERBES 4:14-15 – *COLOMBE*

Joseph a démontré la valeur de ce principe avec la femme de Potiphar :

> Jour après jour, elle revenait à la charge ; mais Joseph ne voulait pas l'écouter, refusant de coucher avec elle

> et d'être avec elle [...]. Alors elle l'agrippa par son vêtement en disant: «Viens coucher avec moi!» Mais il s'enfuit, lui abandonnant son vêtement entre les mains, et s'élança dehors.
>
> GENÈSE 39:10,12

Joseph refusait non seulement de coucher avec elle, mais il refusait même « d'être avec elle ». Quand elle a fini par se jeter sur lui, il n'est pas resté. Il s'est enfui.

Ne cherchez pas à résister à la tentation en restant en place alors que vous pouvez la fuir. Si vous êtes au régime, tenez-vous à l'écart du chocolat !

Gardez vos distances

Si vous dites à votre enfant : « Je t'interdis de jouer sur l'autoroute », qu'attendez-vous de sa part ? Qu'il se rende aux abords de l'autoroute, qu'il grimpe sur le parapet, qu'il balance ses jambes de l'autre côté ou qu'il marche en équilibre sur la ligne du bas-côté ?

Manifestement non. Ce serait jouer avec le feu.

« Mais je ne suis pas allé *sur* l'autoroute », rétorquerait-il. Peut-être pas, non. Toutefois, s'il continue à tester à quel point il peut s'en approcher, il finira par se faire renverser.

Voilà pourquoi je n'aime pas cette question classique : « Jusqu'où peut-on aller ? » Que signifie-t-elle en réalité ? *Jusqu'où peut-on aller sans pour autant tomber dans le péché ? Indiquez-moi où se trouve la limite pour que je puisse m'en approcher le plus près possible !*

Les Écritures prescrivent une attitude différente :

> Fuis les passions qui peuvent assaillir un jeune homme. Recherche ardemment la droiture, la fidélité, l'amour et la paix avec tous ceux qui font appel au Seigneur d'un cœur pur.
>
> 2 TIMOTHÉE 2 : 22

Si vous fuyez, ne vous retournez pas sans cesse en vous demandant : « Suis-je assez loin ? » L'esprit obéissant dit : « Si mon Père me dit que c'est mal, je resterai à l'écart. Et si la limite se trouve ici, alors je me tiendrai à cinq mètres de cette limite et non pas à cinq centimètres ».

Anticipez et évitez la tentation

Les personnes contraintes de voyager beaucoup pour des raisons professionnelles sont confrontées à de nombreuses tentations sexuelles. Dans ces circonstances, en effet, les obstacles naturels que constituent le foyer, la famille et l'église locale sont absents. L'anonymat, la solitude et le désœuvrement se conjuguent souvent pour le pire.

Je connais des chrétiens qui voyagent souvent et parviennent pourtant à rester victorieux sur le péché. Beaucoup d'autres traînent un long parcours d'échec derrière eux. Ceux-ci devraient peut-être cesser de voyager, même si cela impliquerait de trouver un autre emploi moins rémunérateur.

Lors d'une conférence destinée aux hommes, j'ai demandé à ceux qui voyageaient fréquemment de se lever et de raconter ce qui les a aidé à résister à la tentation sexuelle. Un homme a avoué avoir regardé des films pornographiques dans des chambres d'hôtel pendant des années. Après plusieurs échecs, il a pris une décision radicale.

> Désormais, raconte-t-il, chaque fois que je me présente à la réception d'un hôtel, je demande que la télévision soit retirée de ma chambre. Les employés me dévisagent toujours comme si j'étais fou et ils répondent : « Mais, Monsieur, il vous suffit de ne pas l'allumer ! » Comme c'est moi qui paye, j'insiste poliment et ma demande n'est jamais refusée. Tant que la télévision est dans ma chambre, l'immoralité n'est qu'à une pression sur la télécommande. C'est ma façon à moi de dire : « Je prends mon engagement au sérieux, Seigneur ». Je procède de la sorte depuis un an maintenant et c'est ma recette du succès. Tout a changé.

Cet homme a découvert un principe fondamental : il est toujours plus facile *d'éviter* la tentation que d'y *résister*.

Dans les moments où vous êtes fort, prenez des décisions qui empêcheront la tentation de survenir dans les moments où vous serez faible.

Cultivez votre vie intérieure

Le danger existe qu'un livre comme celui-ci paraisse simplement encourager un changement de comportement par des recettes simples. Je suis conscient qu'une liste de consignes et l'exhortation à fournir plus d'efforts ne suffisent pas pour briser l'emprise de la convoitise sensuelle ou la puissance d'habitudes profondément enracinées. Il n'existe pas de formule magique.

Je n'insisterai jamais assez sur l'importance de recourir à la puissance du Christ ressuscité qui vit en nous. L'« auto-transformation » ne suffit pas. Elle peut permettre de gagner un peu de terrain, mais elle peut aussi engendrer de l'autosatisfaction. La vie chrétienne est bien davantage que la simple gestion du péché. Elle consiste en une transformation divine qui nous donne la capacité de mener une vie vertueuse.

Cependant, les Écritures nous commandent de faire et de ne *pas* faire certaines choses qui *sont* à notre portée. Souvent, en obéissant, notre cœur change. Nous devrions donc prendre des décisions sages, sachant qu'elles ne suffisent pas, mais qu'elles sont nécessaires. Au bout du compte, la bataille pour la pureté se gagne ou se perd dans le calme, à genoux devant Dieu et avec l'appui de nos frères d'armes.

Les préoccupations quotidiennes altèrent notre capacité d'entendre les rappels à l'ordre lancés par l'Esprit de Dieu, par sa Parole et par son peuple. La fatigue nous empêche de discerner ce qui se passe vraiment. Un examen personnel attentif permet d'identifier nos « gâchettes » : ces situations qui nous tentent. Nous pouvons alors les remettre à Dieu.

Le temps passé avec Dieu est la source de laquelle coule notre sainteté ainsi que notre joie et notre plaisir. Il nous rappelle qui nous sommes et *à qui* nous appartenons. Notre citoyenneté est céleste (Philippiens 3 : 20). Nous sommes « étrangers et voyageurs sur la terre » et nous désirons « une meilleure patrie, c'est-à-dire la patrie céleste » (Hébreux 11 : 13-16). Nous séjournons ici avec un visa de courte durée. Si nous fixons chaque jour nos pensées vers le ciel, là où se trouve Jésus, il nous donnera la capacité de mettre à mort les œuvres de notre vieille nature, y compris l'immoralité sexuelle, l'impureté et la convoitise sensuelle (voir Colossiens 3 : 1-5).

Mémorisez et citez les Écritures

Jésus a cité les Écritures pour répondre aux tentations du diable (voir Matthieu 4 : 2-11).

Quand des attaques surviennent à l'encontre de votre pureté, soyez prêt à brandir l'épée de l'Esprit, qui est la Parole de Dieu (voir Éphésiens 6:17). Pour ce faire, vous devez mémoriser des versets :

> Je garde ta parole tout au fond de mon cœur pour ne pas pécher contre toi.
>
> PSAUMES 119:11

Ce livre contient beaucoup de passages bibliques. Choisissez-en plusieurs qui vous parlent en particulier. Notez-les, emportez-les avec vous, mettez-les en évidence. Lorsque vous êtes tenté, *répliquez au diable*. La Bible vous fournit les mots à utiliser. Gardez-les en mémoire et sous la main à tout moment.

Priez sans vous lasser

Jésus a enseigné à ses disciples de «*prier constamment, sans jamais se décourager*» (Luc 18:1).

Nous sommes souvent à genoux après avoir perdu une bataille. Or, nous devons tomber à genoux *avant* que la bataille commence.

Trop souvent, nous signons une trêve avec le péché. Nous tolérons l'injustice et nous la laissons gagner du terrain dans notre vie et notre foyer.

Jésus nous dit : «Ne renoncez pas ! Priez pour obtenir l'aide de Dieu». Certains lecteurs se méfieront de ces paroles parce qu'ils ont entendu dire : « Contentez-vous de lire la Bible et de prier, et tout sera résolu ». Non, tout ne sera pas résolu, mais rien ne sera résolu si vous ne commencez pas par là. Jésus savait de quoi il parlait. De même que Jacques :

> Résistez au diable, et il fuira loin de vous.
> JACQUES 4 : 7

Dieu vous demanderait-il de vous abstenir de l'impureté si cela était impossible ?

Beaucoup d'hommes ont été vaincus tant qu'ils sont restés persuadés que la victoire était impossible. Ils ont renoncé. Cette attitude d'abandon garantit leur défaite. Pourtant, Dieu nous exhorte et nous *donne la force* d'être vainqueurs sur le péché (voir Apocalypse 3 : 5).

Un ami victorieux m'a dit : « *Les gens ne sont prêts à changer que lorsque cela leur fait moins mal de changer que de rester comme ils sont* ». Beaucoup d'hommes chrétiens (pour la plupart déjà désespérés) se sont inscrits à des groupes de désintoxication sexuelle qui ont largement contribué à changer leur vie. Des dizaines de milliers de personnes sont autant de preuves vivantes que la victoire sur la tentation sexuelle est possible. Et, franchement, il est temps que nous entendions leur témoignage dans nos églises pour glorifier Dieu et annoncer son message d'espoir.

De même, de nombreux hommes non chrétiens ont accompli des progrès significatifs grâce au programme séculier des *Sexoliques Anonymes*, qui reproduit les douze étapes des *Alcooliques Anonymes*. Si des hommes sans Christ ont opéré des changements aussi radicaux (en affirmant de nombreux principes bibliques), *comment imaginer que l'Esprit de Dieu ne puisse pas accomplir bien plus pour les croyants en qui il habite et dont il est la force ?*

Si quelqu'un pressait une arme contre votre tempe en menaçant d'appuyer sur la détente si vous regardez des images pornographiques, que feriez-vous ? Vous vous abstiendriez. Ceci démontre que vous *pouvez* éviter de consommer de la pornographie. Vous *pouvez* éviter de poser votre regard au mauvais endroit. C'est bien à ce niveau que vous devez apprendre à modifier vos mauvais réflexes en leur opposant la vérité de Dieu, à dire non à vos impulsions et à cultiver de nouvelles habitudes.

Vous pouvez éteindre la télé, sortir ou fermer les yeux. Vous n'avez pas à cliquer sur ce lien. Vous n'avez pas à caresser cette personne ni à la laisser vous caresser. Il existe une alternative. Exploitez vos ressources surnaturelles (voir 2 Pierre 1 : 3-4).

> La grâce de Dieu s'est révélée comme une source de salut pour tous les hommes. Elle nous éduque et nous

> amène à nous détourner de tout mépris de Dieu et à rejeter les passions des gens de ce monde. Ainsi nous pourrons mener, dans le temps présent, une vie équilibrée, juste et pleine de respect pour Dieu.
> TITE 2:11-12

Nous touchons ici aux grands thèmes des Écritures : le salut et la grâce. Nos tentations sexuelles doivent nous rappeler notre besoin de grâce et de puissance divines et nous amener à aspirer à la délivrance ultime (voir Romains 7 : 7-25).

Si une vie entière de pureté vous paraît inconcevable, engagez-vous par tranche de vingt-quatre heures. Voulez-vous être libéré des actes et des obsessions de la convoitise sensuelle ? Demandez de l'aide. Faites preuve de sagesse. Tournez-vous vers Christ. Goûtez à sa suffisance. Puisez dans sa puissance.

Puis, à l'issue des premières vingt-quatre heures, après avoir goûté au Seigneur et constaté sa bonté (voir Psaumes 34 : 9), engagez-vous pour les prochaines vingt-quatre heures. Dépendez de lui un jour à la fois.

Ne sous-estimez jamais le Christ. Le péché n'est pas plus puissant que Dieu. Ne croyez pas que la victoire est impossible avant d'être au ciel. Dieu affirme le contraire. Nous n'avons pas à attendre pour remporter la victoire. Nous devons la saisir dès à présent (voir 1 Jean 5 : 4).

CHAPITRE 7

Devenir radical

Supposez que je dise: «Hé, il y a une fille canon qui habite en bas de ma rue. Allons jusque chez elle pour la regarder par la fenêtre se déshabiller puis poser nue pour nous. Ensuite, cette fille et son petit ami coucheront ensemble dans une voiture. Nous les écouterons et nous regarderons les vitres se couvrir de buée ! »

Choqué, vous vous écrieriez: « Quel pervers ! »

Supposez que je vous propose plutôt de venir passer la soirée chez moi pour visionner le film *Titanic*. Beaucoup de chrétiens recommandent ce film, les jeunes des églises le visionnent ensemble et beaucoup l'ont regardé chez eux. Pourtant, il contient exactement les scènes que je viens de décrire.

Ainsi, tandis que nos jeunes hommes convoitent l'actrice à l'écran, nos jeunes filles apprennent comment séduire un homme.

Pourquoi une scène choquante et honteuse devient-elle acceptable parce que nous la regardons à travers un écran de télévision au lieu d'une fenêtre ?

En termes d'effets durables sur nos pensées et notre moralité, *quelle est la différence ?*

Pourtant, beaucoup pensent: «Titanic? Magnifique! Il n'était même pas interdit aux moins de 18 ans ! »

Chaque jour, des chrétiens, y compris de nombreux responsables d'église, regardent des gens se déshabiller par la fenêtre de la télévision. Nous sommes les témoins de relations sexuelles préconjugales ou extraconjugales, considérées comme une abomination par notre Dieu.

Nous sommes devenus des voyeurs, divertis par le péché.

La normalisation du mal

La stratégie de l'ennemi consiste à normaliser le mal. Songez à des jeunes qui luttent contre la tentation de l'homosexualité. Comment réagissent-ils en regardant les séries télévisées populaires qui mettent en scène des partenaires homosexuels cohabitant dans une apparente normalité ?

La plupart des parents refuseraient de confier leurs enfants à un baby-sitter pervers. C'est pourtant ce qu'ils font chaque fois qu'ils laissent leurs petits zapper librement.

Tout comme nous, nos enfants peuvent être progressivement désensibilisés à l'immoralité. Pourquoi s'étonner que notre fils mette une fille enceinte après que nous lui ayons permis de regarder des centaines d'actes immoraux et d'entendre des milliers d'allusions sexuelles ?

« Mais ce n'est qu'une petite scène de sexe ! »

Supposez que je vous offre un biscuit en disant : « Quelques excréments de souris sont tombés dans la pâte mais, à part ça, c'est un très bon biscuit. Tu ne remarqueras rien ».

« Révérer l'Éternel, c'est détester le mal » (Proverbes 8 : 13). Comment haïr le mal s'il nous divertit ? *Comment être purs si nous nous amusons de l'impureté ?*

Dieu nous exhorte à ne pas parler de sexualité de façon inappropriée :

> Que l'immoralité sexuelle, l'impureté sous toutes ses formes ou la soif de posséder ne soient même pas

> mentionnées parmi vous, comme il convient à des saints. Qu'on n'entende pas de paroles grossières, de propos stupides ou équivoques – c'est inconvenant – mais plutôt des paroles de reconnaissance.
>
> ÉPHÉSIENS 5:3-4 – *SEGOND 21*

Comment vos films préférés résistent-ils à l'épreuve de ces versets ? Que dire des séries télévisées, parfois diffusées à une heure tardive ? Sont-elles exemptes de la moindre trace d'immoralité sexuelle ou de « propos stupides ou équivoques » ? Si nous n'avons pas de problème à écouter les propos de certains humoristes, criblés de références immorales, craignons-nous vraiment Dieu ? Détestons-nous vraiment le mal ?

Jésus, le radical

Écoutez les paroles de Jésus :

> Vous avez appris qu'il a été dit : « Tu ne commettras pas d'adultère ». Eh bien, moi je vous dis : si quelqu'un jette sur une femme un regard chargé de désir, il a déjà commis, dans son cœur, l'adultère avec elle. Par conséquent, si ton œil droit te fait tomber dans le péché, arrache-le et jette-le au loin, car il vaut mieux pour toi perdre un de tes organes que de voir ton corps entier précipité en enfer. Si ta main droite te fait tomber dans le péché, coupe-la et jette-la au loin. Il vaut mieux pour toi perdre un de tes membres que de voir tout ton corps jeté en enfer.
>
> MATTHIEU 5:27-30

Pourquoi Jésus utilise-t-il une image aussi choquante ? Je crois qu'il attend de nous que nous prenions des mesures radicales, que nous fassions *tout ce qui est nécessaire* pour réagir à la tentation sexuelle.

Bien sûr, la main et l'œil ne sont *pas* les causes du péché. Un aveugle peut convoiter et un homme privé de l'une de ses mains est parfaitement capable de voler. L'œil donne accès aussi bien à des choses pures qu'à des choses impures. Et la main permet d'accomplir des actes purs et impurs. Il convient donc de contrôler ce que l'œil regarde et ce que la main fait.

Si nous prenons Jésus au sérieux, nous devons amener notre réflexion sur la sexualité à un niveau beaucoup plus radical.

Faire ce qu'il faut

La bataille est trop intense et l'enjeu trop élevé pour aborder le sujet de la pureté avec légèreté ou modération.

Par conséquent, si vous ne pouvez pas détourner les yeux de ces images explicites, n'entrez plus dans une boutique de location de DVD.

« Allons bon. Tout le monde fréquente ces endroits pour louer des vidéos ! »

Peu importe. Si cela vous pousse à pécher, vous devez vous en abstenir. Point barre.

Vos pensées s'égarent-elles en présence d'une certaine personne ? Cessez de la fréquenter. Un style de musique vous met-il d'humeur érotique ? Cessez de l'écouter. Si ces dispositions ressemblent à de simples béquilles, tant mieux. Utilisez toutes les béquilles disponibles pour vous aider à marcher.

Certains hommes tombent dans l'adultère mental à cause de publicités pour de la lingerie, de panneaux publicitaires, de femmes qui font leur jogging en tenue trop serrée, de femmes qui portent des blouses ou des T-shirts trop courts, de danseuses, d'actrices, de séries télé et de spots publicitaires pour la bière ou les gels douche. Pour d'autres, la tentation se logera dans les petites annonces ou presque dans *n'importe quel* magazine.

Conclusion : *Cessez de regarder*. Ensuite, *cessez de vous mettre en situation de regarder !*

Si vous devez vous débarrasser de votre télévision pour préserver votre pureté, faites-le.

Si cela implique de ne plus fréquenter des salles de sport mixtes, faites-le. Si cela signifie que vous devez baisser la tête et fermer les yeux, faites-le. Si vous êtes embarrassé de le faire, restez chez vous.

Parlez de vos difficultés à votre femme ou, si vous êtes célibataire, parlez-en à un ami de confiance. Si vous devez résilier votre abonnement au journal à cause de ses annonces publicitaires, faites-le. Si vous devez demander à votre femme de parcourir avant vous les journaux qui arrivent chez vous afin d'en retirer toutes les images gênantes, faites-le.

Il y a des années de cela, j'ai décidé de déchirer les couvertures trop suggestives des programmes télévisés. Depuis lors, ma femme a pris le relais et désormais, elle le fait généralement avant même que je pose les yeux dessus. Je lui suis reconnaissant pour son aide. (Il va de soi que certains magazines ne devraient même pas se trouver à la maison, notamment des catalogues de lingerie.)

Romains 13 : 14 nous exhorte en ces termes : « Ne cherchez pas à satisfaire la nature pécheresse qui vous entraîne à convoiter ». *C'est déjà un péché de se placer délibérément dans une situation où nous sommes susceptibles de pécher*. Qu'il s'agisse du rayon lingerie, de la piscine ou d'une salle de fitness, si cela vous fait trébucher, *gardez vos distances*.

Les Proverbes décrivent la rencontre après la tombée de la nuit entre la femme de mauvaise vie et l'insensé (voir Proverbes 7 : 8-9). Nous devons nous tenir à l'écart des individus, des endroits et des contextes qui augmentent la probabilité du péché.

S'il s'agit de librairies, de lieux de sortie privilégiés ou d'anciens amis de lycée, *gardez vos distances*. Si la télévision, les chaînes câblées, l'internet ou les ordinateurs sont votre problème, *débarrassez-vous-en !*

Dites simplement « Non » à tout ce qui vous éloigne de Jésus. *Souvenez-vous que, si vous souhaitez une issue différente, vous devez mettre en place des choix différents.*

Si vous ne pouvez pas vous trouver en présence de femmes en maillot de bain sans les regarder et les convoiter, ne partez pas en vacances au bord de la mer. Si cela implique de ne plus faire du ski nautique ou de ne plus fréquenter votre club de vacances préféré, tant pis. Si cela implique de ne pas participer à une retraite d'église, renoncez-y.

Ces règles vous paraissent drastiques ? Que pensez-vous de vous crever un œil ou de vous trancher la main ?

Lorsque nous partions en vacances au soleil avec nos filles et leurs conjoints, j'envoyais un courriel à mes beaux-fils leur disant : « Ne choisissons pas ces vacances si nous ne pouvons pas convenir ensemble de détourner le regard des femmes en maillot de bain. Si nous en sommes incapables, nous ne devrions pas partir ». Ces jeunes hommes sont des chrétiens fidèles et, comme je m'en doutais, ils marquèrent pleinement leur accord. Nous sommes devenus des alliés dans le domaine de la pureté.

Pour beaucoup d'hommes, la bataille devient plus difficile une fois la nuit tombée. La pornographie sur le web et le téléphone rose sont très fréquentés tard dans la soirée. La solution pourrait consister à adopter une règle difficile, mais efficace. Allez vous coucher avec votre femme ou débranchez la télévision et Internet si votre femme va au lit avant vous. Si vous échouez, débarrassez-vous de ce qui vous fait trébucher.

« Mais… »

« Mais il n'existe pratiquement plus aucune émission de télé décente ». Dans ce cas, cessez de regarder la télé. Lisez des livres. Ayez des conversations.

« Mais tous les romans actuels contiennent des scènes de sexe ». Alors, lisez les anciens romans. Lisez la fiction proposée par des éditeurs chrétiens.

« Mais je suis abonné à un magazine sportif depuis des années. À l'époque, il n'y avait pas de supplément maillot de bain ». Aujourd'hui, ce supplément existe. Alors, résiliez votre abonnement et précisez pourquoi.

« Mais il est presque impossible de louer un film dépourvu de grossièretés ou d'allusions sexuelles ». Il existe des sites chrétiens de critiques de films qui peuvent vous aider à choisir un film qui convienne à toute la famille[3].

Supposons cependant qu'il n'existe plus aucune fiction au contenu décent. Que faire dans ce cas ? J'aime les bons films, mais la Bible ne nous ordonne nulle part : « Regarde des films ! » Par contre, elle nous ordonne clairement : « Protège ton cœur ! »

C'est une bataille et les batailles font couler du sang. *Faites ce qu'il faut pour marcher dans la pureté !*

Un ami a rédigé un contrat qui consiste à prendre cet engagement au quotidien : « Je décide de faire tout ce qui est nécessaire pour préserver ma sobriété sexuelle : demander l'aide de Dieu, en appeler à d'autres, fréquenter les réunions, lire de bons livres, fixer des limites et ne pas les franchir, me montrer radicalement honnête ».

---

[3] www.pluggedinonline.com ou www.movieguide.org
Note de l'éditeur : il n'existe aucun site équivalent en langue française à notre connaissance.

Trop radical ?

« Ce que vous prescrivez implique de se retirer de la culture environnante. Vos propos sont trop radicaux ».

Moi, je ne dis rien. *Jésus* a dit : *Si cela doit te préserver contre la tentation sexuelle, tu te porterais mieux en t'arrachant un œil ou en te coupant une main. Ça*, c'est radical.

J'ai prié : « Seigneur, avant que je trahisse ma femme et que je commette l'adultère, je t'en prie, tue-moi ». Et je suis sérieux.

Beaucoup prétendent prendre leur pureté au sérieux, puis ils ajoutent : « Pas question de renoncer aux chaînes câblées » ou « Pas question que ma femme connaisse le mot de passe de mon ordinateur ».

Les disciples de Jésus ont subi la torture et donné leur vie pour lui obéir. Et nous ? Nous nous lamentons dans la perspective de renoncer aux *chaînes câblées* ?

Quand Jésus nous appelle à prendre notre croix et à le suivre (voir Matthieu 10 : 38), cela n'implique-t-il pas des sacrifices plus grands que renoncer à l'accès Internet ?

Quel est votre engagement dans cette bataille pour la pureté ? À quel point êtes-vous déterminé à vaincre le péché ? Dans quelle mesure souhaitez-vous devenir radical pour le Seigneur ? À quel point désirez-vous la joie et la paix qui ne peuvent être trouvées qu'en lui ?

La pureté n'est présente que dans la vie de ceux qui la désirent vraiment.

Contrôler Internet

Installez sur vos ordinateurs des filtres d'accès à Internet[4] en sachant toutefois qu'ils ne sont pas infaillibles. Confiez-en le mot de passe à quelqu'un d'autre. Demandez à un ami de confiance de vérifier régulièrement votre historique pour s'assurer que vous ne compromettez pas votre marche avec Dieu quand vous surfez sur la toile.

Installez vos ordinateurs dans les pièces de la maison où circulent régulièrement d'autres membres de la famille. À moins d'avoir largement démontré que vous pouviez surfer sur le web sans vous compromettre, ne vous connectez pas à Internet lorsque vous êtes seul. Veillez à orienter toujours vos écrans vers une porte ouverte de façon à permettre aux autres de voir à tout moment ce que vous regardez (voir 1 Corin-

---

[4] En France, chaque fournisseur d'accès à Internet doit, selon la loi, mettre à disposition un système de filtrage. C'est l'utilisateur qui détermine le degré de filtrage qu'il veut avoir sur sa connexion.

thiens 10 : 13). Utilisez des ressources adaptées pour une utilisation saine d'Internet[5].

Si vous perdez malgré tout la bataille contre l'impureté, résiliez votre abonnement auprès de votre fournisseur d'accès. Si cela ne suffit pas, débarrassez-vous de votre ordinateur.

Maîtriser la télévision

Consultez toujours un programme afin de choisir des émissions appropriées. Le zapping des chaînes de télévision est une invitation à la tentation.

Gardez votre poste de télévision débranché, rangez-le dans un placard ou dans le garage pour éviter de le regarder par automatisme.

N'hésitez pas à appuyer sur la touche « off ». Utilisez rapidement la télécommande lorsque la tentation se présente. Gardez une chaîne sûre en mémoire, vers laquelle vous pouvez vous tourner rapidement.

Ne laissez pas de jeunes enfants sélectionner leurs propres programmes. S'ils sont plus âgés, ils peuvent choisir, mais les parents conservent un droit de veto. Évitez de multiplier les écrans de télévision qui sépa-

---

[5] www.covenanteyes.com
Note de l'éditeur : il n'existe aucun site équivalent en langue française à notre connaissance.

rent les membres de la famille et laissent les enfants sans surveillance. N'utilisez pas la télévision comme baby-sitter.

Pour chaque heure passée devant la télévision, consacrez une heure de votre temps à la lecture de la Parole, ou d'un bon livre chrétien, ou à travailler dans une œuvre chrétienne. Même quand les programmes télévisés ne sont pas nocifs, ils nous éloignent souvent d'activités préférables.

Renoncez au câble, à votre parabole ou à votre télévision tout simplement s'ils sont sources d'impureté dans votre foyer. (Il ne s'agit pas ici de légalisme : c'est la vie du disciple.)

Faites régulièrement un « jeûne » de télévision pendant une semaine ou un mois. Voyez ce qui se passe dans ces circonstances. Voyez si vous appréciez tout ce que vous pouvez faire de ce temps retrouvé (y compris alimenter votre passion pour Jésus-Christ).

CHAPITRE 8

Consignes pour les célibataires

Un grand pourcentage de la population est célibataire. Parmi eux figurent de nombreux jeunes, mais aussi des adultes qui ne se sont jamais mariés ou qui sont devenus célibataires suite à un décès ou un divorce.

Pour les jeunes, la combinaison sans précédent des loisirs, de l'argent et des moyens de transport est unique dans l'histoire. Ajoutez-y le manque de supervision parentale et l'écart important entre l'âge moyen de la puberté et le mariage. Mêlez-y la saturation de sexe dans les médias et la présentation des relations préconjugales comme une attitude normale. Il en résulte une tentation écrasante pour les célibataires, jeunes et moins jeunes.

Il est clair que, s'ils veulent vivre dans la pureté, les chrétiens célibataires doivent mettre en place des stratégies avisées.

Les Écritures nous mettent en garde contre les règles humaines qui impliquent « l'assujettissement du corps », mais qui n'ont « aucune valeur pour maîtriser les passions de la nature humaine » (Colossiens 2 : 20-23).

Les consignes que je propose ne sont utiles que si, et seulement si, elles sont bibliques et empreintes de sagesse. De telles consignes ne sont toutefois pas forcément légalistes. Le livre des Proverbes nous appelle à vivre avec sagesse, en faisant preuve d'un bon sens qui glorifie Dieu.

Nous sommes appelés à être comme des soldats, des athlètes et des cultivateurs (2 Timothée 2 : 3-6). Trois groupes de personnes qui adhèrent avec rigueur à des règles mises en place. Dieu nous appelle à exercer la maîtrise de soi, l'un des fruits de l'Esprit (Galates 5 : 22-23).

Jusqu'où peuvent aller les célibataires ?

Dieu a créé les pulsions sexuelles qui, une fois stimulées, se dirigent vers l'orgasme. C'est un fait biologique. Se caresser de façon à s'exciter sexuellement consiste à s'engager dans des préliminaires. Et les préliminaires ont été conçus par Dieu pour culminer dans le rapport sexuel.

Dès lors, en toute logique, puisque le rapport sexuel est interdit en dehors du mariage, il en va de même des préliminaires. Puisque les rapports sexuels préconjugaux sont à proscrire, il faut également proscrire de s'engager dans une activité qui pousse l'esprit et le corps vers le rapport sexuel.

Il convient donc de tracer la limite à ne pas franchir avant que l'un des partenaires soit stimulé sexuellement. Les caresses (et tout ce qui a pour effet d'exciter le partenaire) sont proscrites.

Si vous laissez votre corps franchir la limite, il ne voudra plus entendre parler de vos convictions chrétiennes. Les hommes sont stimulés plus rapidement et plus facilement que les femmes. Une femme pense souvent que les baisers et les étreintes prolongées sont inoffensifs, mais l'homme en sera stimulé sexuellement et sera tenté d'en vouloir plus. Vous devez veiller à tracer la limite suffisamment en amont pour que ni l'un ni l'autre ne puisse la franchir.

Dès que vous commencez à vous sentir excité même par le plus innocent des contacts physiques, reprenez immédiatement vos distances. Dans le cas contraire, vous choisissez de rester dans une barque qui se dirige tout droit vers une chute d'eau. Ceux qui s'engagent dans la stimulation sexuelle ne doivent pas s'étonner d'avoir finalement un rapport sexuel. C'est en effet le résultat naturel et prévisible du choix qu'ils ont posé.

Si vous désirez une issue différente, faites un choix différent.

Choisissez soigneusement vos amis

> Ne vous y trompez pas : les mauvaises compagnies corrompent les bonnes mœurs.
> 1 CORINTHIENS 15 : 33

Il est dans notre nature d'être influencé par notre entourage. Si nous côtoyons des chrétiens fidèles qui désirent rester attachés à Dieu, nous serons entraînés vers un plus grand attachement à Dieu. Si nous évoluons dans une atmosphère impure, nous serons influencés dans la direction d'un éloignement de l'attachement à Dieu.

> Qui fréquente les sages deviendra sage.
> PROVERBES 13 : 20

Nous finissons par ressembler à ceux avec lesquels nous passons du temps. Dieu parle de gens qui « aiment le plaisir plutôt que Dieu » et nous met en garde : « Détourne-toi de ces gens-là ! » (2 Timothée 3 : 4-5).

Sortir : une option… pas une nécessité

La tentation sexuelle est engendrée en grande partie par notre habitude sociale qui est d'encourager les jeunes à sortir en couple et à s'isoler. Cette pratique contraste fortement avec la culture hébraïque notamment, qui exige que les jeunes célibataires ne passent du temps ensemble qu'en présence d'adultes.

Vous pouvez entretenir des amitiés sympathiques et positives avec des personnes du sexe opposé et vous impliquer dans toutes sortes d'activités sans être en couple avec l'une d'elles en particulier. Si vous souhaitez découvrir une autre façon d'envisager les relations garçons-filles, je vous encourage à lire le livre de Joshua Harris intitulé *J'ai tourné le dos au flirt*[6].

Les directives suivantes sont extraites d'un manuel de seize pages sur la pureté que j'ai rédigé pour mes filles et les jeunes hommes qui désiraient passer du temps avec elles. Ma femme et moi les avons parcourus avec chacun d'eux, point par point. Si vous choisissez de sortir en tête-à-tête plutôt qu'en groupe, ces consignes peuvent vous être utiles :

---

[6] HARRIS Joshua, *J'ai tourné le dos au flirt*, La Maison de la Bible, 2007.

- Si vous êtes chrétien, ne fréquentez que des chrétiens (voir 2 Corinthiens 6 : 14).
- Si vous êtes un disciple engagé, ne fréquentez que des disciples engagés.
- Christ est à vos côtés chaque soir, où que vous alliez et quoi que vous fassiez.
- Souvenez-vous que la personne avec laquelle vous vous trouvez est votre frère ou votre sœur, et non votre « amant » (voir 1 Timothée 5 : 1-2).
- Sortez en groupe, jamais seuls.
- Concentrez-vous sur la conversation et non sur le contact physique.
- Évitez les relations qui évoluent trop rapidement ou l'intimité immédiate.
- Planifiez la soirée entière à l'avance, sans moment creux dans le programme.
- Ne restez jamais seuls : sur un divan, dans une voiture tard le soir, dans une maison ou une chambre.
- Soyez redevable à quelqu'un pour votre pureté.
- Imaginez que vos parents ou vos responsables d'église vous regardent par la fenêtre. Dieu vous regarde effectivement (voir Jérémie 16 : 17).
- Fixez vos propres règles et mettez-les en pratique personnellement ; ne dépendez jamais de quelqu'un d'autre à cet égard.

- Ne faites rien avec votre partenaire que vous ne voudriez pas qu'un autre fasse avec votre futur conjoint.
- Méfiez-vous de « l'érosion morale » dans des contextes de relations de longue durée et des fiançailles prolongées. Une fois que les jeunes et les parents acceptent le projet de mariage, il est dangereux d'attendre plus que nécessaire (voir 1 Corinthiens 7:8-9).

CHAPITRE 9

Consignes pour les couples et les parents

D'innombrables mariages ont été détruits parce que des relations ordinaires au travail, à l'école et même à l'église se sont transformées en relations amoureuses.

Dans vos conversations, parlez de votre conjoint et de vos enfants. Méfiez-vous de vos pensées et de ce que vous exprimez par vos regards ou votre langage corporel. Même si vous n'éprouvez aucune attirance personnelle, vous ignorez ce que pense votre interlocuteur.

Dites-vous : « Cette situation pourrait se transformer en attirance qui mettrait en péril tout ce qui m'est cher. Je ne permettrai pas que cela se produise ». Vous ne devez pas tomber dans la paranoïa, mais vous *devez* rester sur vos gardes.

Faites disparaître l'écran de fumée produit par le diable avant qu'il s'épaississe au point de vous étouffer. Fuyez le mensonge avant qu'il referme ses griffes autour de votre cou.

Nous devons développer un système de détection précoce pour repérer le danger moral avant de nous enfoncer dans les sables mouvants. *Une relation peut être inappropriée bien avant de devenir sexuelle.*

Cultivez et protégez votre mariage

Tout adultère commence par une dissimulation et la plupart des dissimulations commencent par des secrets apparemment innocents (« Il n'a pas besoin de le savoir »). Si vous êtes marié, évaluez régulièrement votre relation avec votre conjoint. Repérez les signaux d'alerte de l'insatisfaction et d'une vie sexuelle sur le déclin. Parlez-en ouvertement. Réglez vos difficultés, même si c'est douloureux.

Montrez-vous sensible aux besoins sexuels de votre conjoint. Souvenez-vous que le mariage implique une responsabilité sexuelle : « Ne vous refusez donc pas l'un à l'autre » (1 Corinthiens 7 : 5). Communiquez honnêtement à ce propos. Ne nourrissez pas d'amertume. Si l'un d'entre vous a besoin d'une activité sexuelle plus (ou moins) soutenue, convenez de moments spécifiques pour que ni l'un ni l'autre n'ait à se demander si c'est le bon moment. (La spontanéité ne suffit pas toujours !)

Sortez régulièrement avec votre conjoint et inscrivez ces rendez-vous dans votre agenda. Au bureau, entourez-vous d'objets qui vous rappellent votre conjoint et vos enfants. Lorsque vous vous absentez, appelez-les souvent.

Montrez-vous farouchement loyal envers votre conjoint et parlez de lui avec estime. Ne confiez pas vos problèmes conjugaux à une personne du sexe opposé sauf s'il s'agit d'une relation familiale ou d'une aide professionnelle. Mais même dans ce cas, soyez prudent.

Priez ensemble et l'un pour l'autre. Prenez soin de votre santé physique ; restez aussi séduisant que possible pour votre conjoint. Montrez-vous pudique en public, et sexy en privé avec votre conjoint. Jamais l'inverse !

Efforcez-vous d'intégrer votre conjoint dans votre univers. Parlez-lui de votre travail. Décrivez vos difficultés, vos déceptions et vos soucis. *Écoutez-vous mutuellement.* Ne menez pas deux existences distinctes sous le même toit car vous franchiriez dans ce cas la première étape vers une relation extraconjugale avec un partenaire « qui me comprend et qui comprend mon univers ».

Les mariages chrétiens sont confrontés aux mêmes souffrances, difficultés et frustrations que les autres. (Nous disposons toutefois de ressources surnaturelles pour les surmonter.) Notre union peut se trouver progressivement minée par l'amertume, l'ennui ou la souffrance. Cette situation nous rend vulnérables aux mensonges du diable sur les qualités et l'attrait d'une nouvelle personne. La solution ne consiste jamais à trouver un nouveau partenaire, mais à renouveler notre appréciation pour notre conjoint.

Ravivez votre attirance pour votre conjoint

Un ami me confia qu'il n'était plus attiré par sa femme. Il résolut de prier chaque jour pour que Dieu fasse d'elle la femme la plus attirante du monde à ses yeux. En moins d'un mois, cette prière était exaucée de manière décisive. Elle n'avait pas changé, mais lui oui. Après avoir entendu son histoire, un autre homme a fait de même et a lui aussi constaté un changement évident. Les deux mariages ont ainsi été redynamisés.

Habituez votre regard à se détourner des images stimulantes et à se fixer sur votre conjoint. *Lorsque votre désir sexuel est activé, verrouillez-le sur votre partenaire*. L'appétit se cultive. L'objet de notre attention façonne nos désirs. En refusant les appétits infidèles et en méditant sur les bonnes choses (y compris le fait d'être « enivré » par les charmes de votre femme – Proverbes 5 : 19), vous pouvez vous entraîner à désirer ce qui est approprié.

Choyez votre conjoint. Reconnaissez que ses qualités ne sont pas le résultat d'une belle coupe de cheveux, d'angles de caméra savamment étudiés ou de la chirurgie esthétique. Elles ne se flétriront pas comme tous ces artifices, mais elles perdureront et s'approfondiront. Limitez le champ de votre regard à votre conjoint et il ou elle deviendra le véritable objet de votre désir.

Il arrive que nos problèmes conjugaux nécessitent une aide extérieure. Recourez-y *sans attendre*.

Servez-vous de bons livres chrétiens et autres ressources consacrées à l'enrichissement conjugal. Chaque année, des conférences sont organisées à l'intention des couples dans le but d'affermir leur mariage[7].

Montrez-vous honnête envers votre conjoint

Une femme m'a confié que son mari était rentré en larmes à la maison, un an auparavant, en lui avouant son attirance pour une collègue de travail. Il était soumis à une tentation constante et il se sentait partir à la dérive. Il s'est engagé à prendre ses distances avec

---

7 Vous trouverez des informations à ce sujet sur www.famillejetaime.com

cette femme et il a demandé à son épouse de le comprendre et de prier pour lui. Elle s'est sentie blessée, mais elle a compris qu'elle devait l'aider au lieu de s'apitoyer sur son sort.

Le résultat ? Non seulement il a coupé les ponts avec sa collègue mais, grâce au soutien de sa femme, ils se sont rapprochés l'un de l'autre plus que jamais auparavant. Les larmes aux yeux, elle a ajouté : « Il y a deux mois, mon mari est mort brutalement. S'il ne s'était pas montré honnête envers moi ce soir-là, il aurait eu une liaison avec cette femme et il m'aurait probablement quittée. Il serait mort sans être préparé à rencontrer Dieu et j'aurais vécu le reste de mes jours en souffrant d'avoir été trompée. Heureusement, ce n'est pas ce qui est arrivé. Ses derniers mots ont été « Je t'aime » et je sais que c'est la vérité parce qu'il l'a prouvé par ses actes. Je remercie Dieu chaque jour parce que je peux penser à lui avec respect et admiration et parce qu'il nous a aimés suffisamment, Dieu et moi, pour parler honnêtement de ses difficultés ».

La convoitise sensuelle se nourrit du secret. Rien ne l'effraie plus que la lumière. (Un homme m'a dit : « La gravité de notre maladie se mesure à la profondeur de nos secrets ».) La communication ouverte de deux conjoints en fait des alliés et non des adversaires. Si le fait d'aborder le sujet de la tentation sexuelle provoque une douleur initiale, il engendre aussi la libération et l'épanouissement des conjoints.

«Confessez vos péchés les uns aux autres et priez les uns pour les autres, afin d'être guéris» (Jacques 5:16). Même si votre conjoint ne sait rien de votre péché, il n'en est pas moins gravement affecté. Si vous ne le confessez pas, vous le trompez deux fois: d'abord par le péché lui-même, puis en ne lui permettant pas de vous pardonner ou de réagir comme il le souhaiterait. (Vous n'êtes toutefois pas tenu de révéler des détails sordides. Un simple aveu des faits suffit.)

Maris, demandez de l'aide à votre femme comme nous l'avons mentionné plus haut. Femmes, interrogez votre mari au sujet de ses tentations. Que pouvez-vous faire pour lui? Soyez reconnaissantes s'il se montre franc envers vous. Ne vous montrez pas naïve. Trop de femmes ignorent les batailles qui se jouent dans un esprit masculin. Ne conseillez pas à votre mari et à votre meilleure amie de faire du jogging ensemble. Si vous avez convenu qu'il n'utiliserait Internet que lorsque vous vous trouveriez à proximité, ne pensez pas: «Je vais me coucher. Je lui fais confiance».

Ne prenez pas des airs supérieurs parce qu'il éprouve des difficultés là où vous n'en avez pas. N'avez-vous jamais succombé à des fantasmes concernant des hommes, des feuilletons ou des romans à l'eau de rose, n'avez-vous jamais succombé aux commérages ou à la calomnie ? Confessez-lui aussi vos péchés. Il a besoin que vous soyez son amie et son alliée, non pas son adversaire.

Élevez vos enfants dans la pureté

Il arrive que nos enfants ne nous écoutent pas. Mais il est beaucoup plus rare qu'ils ne nous imitent pas. Les fils apprennent de leur père s'il faut ou non regarder des danseuses, des publicités suggestives ou des actrices dénudées. Les filles aussi remarquent où se pose le regard de leur père… et de leur mère.

Le meilleur héritage que nous puissions léguer à nos enfants consiste à leur montrer un mariage aimant, affectueux et pur.

Apprenez à vos enfants que les choix entraînent des conséquences, que la sagesse est préférable à la folie, comme le montrent les Proverbes. Enseignez-leur à aimer la justice et à détester le péché (voir Psaumes 97 : 10). Apprenez-leur la maîtrise de soi car la capacité de dire non dans d'autres domaines bénéficiera aussi à leur pureté sexuelle.

Les parents doivent exercer un contrôle doux, mais ferme, sur les amitiés de leurs enfants et leurs habitudes en matière de médias. Évitons le double discours qui consiste à dire que les programmes télévisés impurs sont interdits aux enfants, mais pas aux adultes.

Protégez vos enfants. Des parents avisés laisseraient-ils une pile de magazines pornographiques dans la chambre de leur fils en disant : « Nous avons confiance en toi, nous savons que tu ne les regarderas pas » ? Or, c'est exactement ce que nous faisons en l'autorisant à installer dans sa chambre un ordinateur connecté à Internet !

Les parents doivent jeter un sérieux coup d'œil dans la garde-robe de leurs enfants. Les hommes ont la responsabilité d'aider leur femme et leurs filles à comprendre pourquoi cela est si important. Mesdames ou Mesdemoiselles, s'il vous plaît, croyez-nous lorsque nous affirmons que certaines robes de soirée, un certain short, un top ou un maillot de bain sont inappropriés, car nous savons *exactement* ce dont nous parlons…

L'éducation sexuelle de votre enfant

Chaque enfant reçoit tôt ou tard une éducation sexuelle. Les seules questions sont : (1) Quand ? (2) Où ? (3) Auprès de qui ? Les parents devraient être leurs éducateurs de référence en la matière.

Si vous n'avez pas toutes les réponses, ne soyez pas embarrassés. Trouvez-les auprès de sources appropriées. Parlez de la sexualité, pas seulement d'un point de vue biologique, mais aussi dans le contexte des valeurs, des responsabilités et du mariage.

Connaissez votre enfant ; ce qu'il est prêt à entendre ou non. Répondez à toutes les questions honnêtement, d'une façon adaptée à son âge. Dites-lui ce qu'il a besoin d'entendre au stade où il en est, ni plus ni moins.

Ne remettez pas à plus tard. Le bien-être de votre enfant est en jeu. N'ayez pas votre première conversation sur la sexualité avec votre fille de quinze ans enceinte de quatre mois.

Soyez positifs. Dites à quel point la sexualité peut être *bonne* dans le contexte du mariage. Ne soyez pas embarrassés de parler de ce que Dieu n'a pas été embarrassé de créer.

Si quelqu'un d'autre instruit vos enfants en matière de sexualité, sachez exactement ce qui a été dit.

Enseignez et pratiquez la pudeur dans votre foyer. Dans quel autre contexte vos enfants pourraient-ils en faire l'apprentissage ?

CHAPITRE 10

Confession, responsabilité et conséquences

Si, au contraire, nous avouons nos péchés, il est fidèle et juste et, par conséquent, il nous pardonnera nos péchés et nous purifiera de tout le mal que nous avons commis.

1 JEAN 1:9

Comme David, qui a commis l'adultère et le meurtre, nous devons nous repentir totalement, sans chercher des excuses (voir Psaumes 51).

Ne prenons pas le risque de reporter notre confession. «Celui qui cache ses fautes ne prospérera pas, celui qui les avoue et les délaisse obtient miséricorde» (Proverbes 28:13).

La véritable repentance implique de s'éloigner de la tentation et de renoncer aux choix qui nous exposent inutilement. «*Je ne peux pas éviter un premier re-*

gard», objecterez-vous. C'est parfois vrai. Toutefois, choisir de fréquenter une plage peuplée de femmes en bikini, puis affirmer: «*Je ne peux pas éviter un premier regard*», c'est se trouver des excuses. Au cinéma, baisser les yeux vaut mieux que regarder des scènes érotiques, mais il est préférable encore de partir… et plus sage encore de ne pas aller au cinéma. La repentance signifie non seulement de se *détourner* de l'impureté, mais aussi de *rester à l'écart* des endroits et des circonstances dont nous aurions à nous détourner.

Si vous êtes célibataire et si vous avez déjà perdu votre virginité, vous pouvez vous engager à vivre une seconde virginité, à rester sexuellement pur à partir de ce jour. Le pardon ne signifie pas qu'il ne subsiste aucun résidu du péché passé, mais il signifie que vous pouvez mettre un terme aux dégâts dès à présent et apprécier désormais les bénédictions de la pureté.

Ne soyez pas découragé par mes propos sur les conséquences du péché. C'est la vérité, mais il est également vrai que Dieu est souverain et rempli de grâce. Il peut faire pousser des fleurs sur un tas de cendres. Peu importe ce que nous avons fait, dès l'instant où nous nous repentons et où nous acceptons son pardon, nous pouvons nous trouver au cœur même de la volonté de Dieu.

Il est comme ce père qui, apercevant son enfant prodigue de retour à la maison, « fut pris d'une profonde pitié pour lui. Il courut à la rencontre de son fils, se jeta à son cou et l'embrassa longuement » (Luc 15 : 20). Il manifestera envers nous sa grâce merveilleuse et nous serons comblés de joie. Il peut nous purifier et faire de nous un vase d'honneur, « utile à son propriétaire » (2 Timothée 2 : 21). Nous perdons certaines choses à cause du péché, mais nous ne perdons *jamais* la grâce compatissante de Dieu.

Cherchez à être redevable

Soyez un membre actif au sein d'une église locale, fidèle au Christ et fondée sur la Bible (voir Hébreux 10 : 25). Entourez-vous d'amis qui placent la barre morale plus haut au lieu de l'abaisser (voir 1 Corinthiens 15 : 33). Demandez à un chrétien plus âgé et plus mûr dans la foi de devenir votre mentor alors que vous cherchez à marcher dans la pureté (voir Tite 2 : 2, 6-8).

Seul et isolé, vous ne pourrez pas remporter cette bataille. Appuyez-vous sur un ami, une personne que vous pourrez appeler jour et nuit pour trouver auprès d'elle aide et prière. J'ai un ami qui téléphone à l'un de ses soutiens chaque jour, peu importe qu'il soit tenté ou non. Plutôt que s'avouer leurs manquements respectifs, ils s'empêchent mutuellement de chuter en gardant une longueur d'avance sur le péché.

Il y a près de vingt ans, nos réunions pastorales étaient si fréquentées que nous pouvions nous fondre dans la masse et éviter ainsi de rendre directement des comptes. J'avais donc décidé de rencontrer deux autres pasteurs chaque semaine, puis j'ai lancé un autre groupe de soutien avec quatre laïques. Nous commencions par mémoriser des versets de la Bible. Puis chacun d'entre nous répondait à des questions clés :

Comment se passe ta relation avec Dieu ? Avec ta femme ? Tes enfants ? À quelles tentations es-tu confronté et comment y résistes-tu ? Quelles pensées as-tu nourries cette semaine ? As-tu passé du temps régulièrement dans la Parole et la prière ? Avec qui as-tu pu partager l'Évangile ? As-tu menti en répondant à ces questions ? Comment pouvons-nous prier pour toi et t'aider ?

Les membres de ces deux groupes ont affirmé qu'il s'agissait pour eux des 90 minutes les plus significatives de la semaine. Pour la plupart d'entre eux, c'était la première fois qu'un frère en Christ leur posait ce genre de question.

Généralement, ceux qui succombent au péché sexuel n'ont simplement pas cherché à être redevable à quelqu'un. Plus les responsables chrétiens sont exposés, plus ils ont besoin de rendre des comptes et moins ils en ont l'occasion.

J'ai besoin de rendre des comptes, vous aussi, votre pasteur également, ainsi que votre conjoint et vos enfants. Chacun d'entre nous en a besoin. Si je cherche à pécher secrètement, la dernière chose dont j'ai envie, c'est la compagnie de chrétiens sérieux dans leur marche avec le Seigneur. Le moment où j'ai le plus besoin de rendre des comptes est celui où je suis le plus susceptible de vouloir l'éviter.

Un soir, j'éprouvais une tentation sexuelle très forte. Elle ne me lâchait pas. J'ai finalement appelé un frère avec lequel je devais déjeuner le lendemain matin. Je lui ai dit: « S'il te plaît, prie pour moi et promets-moi de me demander demain ce que j'ai fait ». Il a accepté. Dès que j'ai raccroché, la tentation avait disparu. Pourquoi ? J'aimerais pouvoir dire que c'est parce que je suis très spirituel, mais la vérité, c'est que j'étais totalement incapable d'affronter cet homme le lendemain matin et de lui annoncer que j'avais péché.

Mon ami était mon recours en cas d'urgence. Il est infiniment préférable d'appeler à l'aide immédiatement, et ainsi d'empêcher le péché, que de devoir avouer à son groupe de soutien la semaine suivante: « Je me suis planté ». Il est bon de se montrer honnête au sujet de son péché, mais il est encore plus utile de se montrer honnête au sujet de ses tentations.

Qui sont vos amis en cas d'urgence ?

Les hommes qui se font aider pour guérir de leur dépendance sexuelle savent qu'ils doivent s'appuyer sur d'autres qui, comme eux, se sont engagés à rester purs. Cette bataille ne peut être remportée seul. Si une personne dépendante, prisonnière du péché, reconnaît son incapacité de changer, elle peut alors puiser des forces à l'extérieur, en Dieu premièrement, puis auprès de frères d'armes. Pour ces hommes, une réunion hebdomadaire ne suffit pas. Des appels téléphoniques quotidiens et des rencontres fréquentes peuvent s'avérer nécessaires. Il y a toutefois de l'espoir et de l'aide pour tous ceux qui sont prêts à les recevoir. Il existe des groupes et des ministères consacrés à aider ceux qui veulent échapper à leur dépendance[8].

Évaluez les conséquences

Les conséquences des rapports sexuels préconjugaux sont graves et persistantes : décevoir le Seigneur, perdre sa virginité, être hanté par des images mentales, être plus exposé au risque de relations sexuelles extra-

[8] www.oserenparler.eu – www.torrentsdevie.fr – www.orroz.net

conjugales, vivre une grossesse non désirée, contracter une maladie.

La sexualité préconjugale est un péché, mais la grossesse ne l'est pas. N'en faites donc pas payer le prix à votre enfant. Vous pouvez trouver de l'aide et vous éviterez une grande souffrance si vous laissez cet enfant vivre[9].

Il y a des années, mon ami Alan Hlavka et moi-même avons chacun dressé la liste des conséquences potentielles de notre immoralité. Les listes étaient accablantes et elles nous ont interpellés plus puissamment que n'importe quelle prédication. Régulièrement, surtout lorsque je voyage, je relis cette liste et je la mémorise. Elle balaie instantanément tous prétexte et rationalisation de mon esprit parce qu'elle me remplit d'une peur salutaire.

J'ai inséré ci-dessous une version de nos deux listes combinées. Libre à vous de la modifier pour vous l'approprier.

Quelles seraient les conséquences de mon adultère ?

- Traîner dans la boue la réputation de mon Dieu.
- Me trouver un jour devant lui et devoir lui dire pourquoi je l'ai fait.

---

[9] www.cler.net – www.sos-ivg.com – www.accfrance.free.fr

- Causer une souffrance indescriptible à Nanci, ma femme et ma meilleure amie.
- Trahir le respect et la confiance de Nanci.
- Entamer à jamais ma crédibilité auprès de mes filles bien-aimées, Karina et Angie.
- Provoquer une grande honte pour ma famille.
- Blesser mon église et mes amis, en particulier ceux que j'ai amenés à Christ et dont j'ai suivi le cheminement dans la foi. (Liste de noms.)
- Gâcher irrémédiablement des années de témoignage auprès de parents et d'amis.
- Réjouir Satan, l'ennemi de Dieu.
- Contracter éventuellement une maladie sexuellement transmissible, voire même représenter un danger pour Nanci.
- Perdre l'estime de moi-même, discréditer mon nom et éprouver des regrets pendant le reste de ma vie.

La liste complète est deux fois plus longue.

Si nous passions en revue à l'avance les conséquences dévastatrices de notre immoralité, nous serions beaucoup moins prompts à nous laisser aller.

CONCLUSION

Une bataille que nous pouvons remporter

Dans le livre de J. R. R. Tolkien, *Bilbo le Hobbit*[10], nul n'était plus invincible que Smaug le puissant dragon. Toutefois, il y a une chose que Smaug ne savait pas : son armure présentait un défaut sur le ventre. Il n'en fallut pas plus à Bard, archer expérimenté, pour le vaincre d'une seule flèche. Inconscient de sa faiblesse et sous-estimant ses adversaires, Smaug ne s'est pas suffisamment protégé. La flèche de Bard lui a transpercé le cœur et le peuple du lac a été sauvé.

Un récit palpitant qui se termine bien. Par contre, dans le cas d'un chrétien abattu par le Malin, la fin est tragique. Satan connaît le point faible de notre armure ! Il vise pour tuer.

[10] Tolkien J. R. R., *Bilbo le Hobbit*, LGF-Livre de Poche, 2007.

Quand je songe à mes frères et sœurs en Christ et à moi-même, je m'inquiète sérieusement de constater à quel point nous sommes devenus insouciants et moralement conciliants. Il nous arrive d'être terriblement faibles dans notre exercice de la pureté sexuelle. Nous regardons et nous rions de ce qui offense un Dieu saint. Notre seuil de tolérance envers l'impureté ne cesse de reculer. Le péché s'insinue sous le champ de notre radar et nous baissons toujours plus notre garde.

Des hommes et des femmes désensibilisés par l'immoralité, ou sur le point de chanceler dans l'adultère, sont assis dans les églises, endurcis et indifférents, ou torturés par la culpabilité et se détestant pour leur hypocrisie. Ils fréquentent peut-être encore les réunions, mais ils prennent peu à peu leurs distances avec Dieu et les autres.

Notre Dieu aspire à nous pardonner et à nous restaurer, en nous délivrant de la voie qui mène à la mort pour nous placer à nouveau sur le chemin de la vie.

Il est temps d'examiner attentivement notre âme, nos paroles et nos actes. Comme le guerrier grec Achille, le plus fort d'entre nous peut paraître invincible à ses propres yeux ou aux yeux de son entourage, mais une seule flèche vers son talon peut démontrer tout le contraire.

Réfléchissez honnêtement et attentivement : la disposition à l'impureté sexuelle est-elle votre talon d'Achille ? Le point faible de votre armure ? Si oui, le choix de vous conformer aux conseils de ce livre pourrait s'avérer plus qu'une sage précaution ; il pourrait sauver votre vie et votre famille du désastre. Il pourrait vous empêcher de gâcher la bénédiction de Dieu pour votre avenir.

Ceux dont la vie et la famille ont été dévastées peuvent se réjouir de la grâce de Dieu et de son pardon. Ne perdez pas espoir. Dieu n'en a pas fini avec vous. Soyez patient, même si vous récoltez les conséquences d'erreurs passées, dont certaines ne sont pas les vôtres. Croyez que Dieu vous permettra, en son temps, de récolter le fruit de la pureté et de la foi que vous exercez aujourd'hui : « Car vous savez que chacun [...] recevra ce qui lui revient selon le bien qu'il aura fait » (Éphésiens 6 : 8).

« Ton chemin en toute sécurité »

Dieu ne veut pas que nous vivions chaque jour paralysé par la crainte d'une chute soudaine. À propos de la résistance à la tentation sexuelle, Salomon, le sage, a dit :

> Mon fils, garde les yeux fixés sur la sagesse et la réflexion, retiens-les, car elles t'apporteront la vie, el-

> les seront une parure pour ton cou. Alors tu iras ton chemin en toute sécurité, sans trébucher. Quand tu te coucheras, tu n'éprouveras aucune crainte, et ton sommeil sera paisible, tu n'auras pas à redouter un désastre imprévu, ni la ruine qui ne manquera pas de fondre sur les méchants, car l'Éternel sera ton assurance, il gardera ton pied de tout piège.
>
> PROVERBES 3:21-26

Si nous marchons chaque jour avec Jésus, en préservant notre cœur et en respectant le pacte passé avec nos yeux, alors (et alors seulement) nous pourrons avancer « en toute sécurité » sans éprouver « aucune crainte ».

Une dernière question

Êtes-vous prêt à vous engager (ou vous réengager) à mener une vie de pureté sexuelle ? C'est maintenant le moment opportun. Rien n'est plus éphémère que l'instant de la conviction.

Dieu a créé un univers dans lequel la justice est toujours récompensée et l'injustice toujours punie.

La pureté est toujours sage, l'impureté toujours stupide.

> Moi, l'Éternel, moi, je sonde les cœurs, je scrute le tréfonds de l'être pour donner à chacun ce que lui auront valu sa conduite et les effets de ses agissements.
>
> JÉRÉMIE 17:10

Vivez de façon à entendre votre Seigneur vous dire un jour : « Bien, bon et fidèle serviteur ! »

Lorsque nous l'entendrons prononcer ces paroles incroyables, nous saurons alors que tout sacrifice consenti ne pesait rien en comparaison de notre joie.

Honorez Dieu en vivant dans la pureté sexuelle. Si vous le faites, vous connaîtrez ses bénédictions et ses récompenses non seulement aujourd'hui, demain et dans dix ans, mais pour l'éternité.

Si nous semons la pureté aujourd'hui, nous moissonnerons une récolte abondante.

Et, par la grâce de Dieu, nous considérerons notre vie passée, non pas avec des regrets, mais avec une joyeuse reconnaissance.

Table des matières

Dans la même collection

Le principe du trésor

Randy Alcorn • Découvrir la joie de donner

Dans un style bref et percutant, Randy Alcorn vous fait découvrir les 6 clés qui donnent accès au « principe du trésor ». Donner remplit de joie et ajoute une dimension éternelle à vos actions même les plus banales.

Vous êtes intendant des richesses de Dieu. Oserez-vous lui demander : « Que veux-tu que je fasse des biens que tu m'as confiés ? »

144 pages • Réf. 2257

Au risque d'être heureux

John Piper • Fais de l'Éternel tes délices !

Un chrétien peut-il faire du bonheur le but de sa vie ? Oui, répond John Piper ! Parce que Dieu nous a créés pour être heureux en Lui.

Notre raison d'exister est de glorifier Dieu en trouvant en lui notre bonheur éternel. Quand Dieu devient ainsi notre trésor, la source de notre entière satisfaction, il est pleinement honoré ! Plus notre satisfaction en Dieu est grande, plus il est glorifié en nous.

112 pages • Réf. 2153

Du même éditeur

Marcher dans la liberté

Neil Anderson • 21 jours de méditations pour vous aider à affermir votre liberté en Christ

Tout au long de ces méditations quotidiennes, vous pourrez vous engager personnellement à marcher à la lumière de Christ, sans retomber dans vos anciens schémas de pensée.

Pour vous aider dans ce processus de libération, Neil Anderson vous invite à utiliser les « Sept étapes vers la liberté en Christ » incluses à la fin de ce livre. Elles constituent un inventaire moral et spirituel détaillé de tout ce qui nous freine dans notre marche avec Jésus. Elles permettent de nous débarrasser des « déchets » spirituels qui encombrent nos vies et de développer de saines habitudes.

Il est possible de franchir ces sept étapes en complément de ces 21 jours de méditation.

208 pages • Réf. 2001

Retrouvez notre catalogue complet
sur **www.blfeurope.com**

BLF Europe • Rue de Maubeuge • 59164 Marpent • France
Téléphone : (+33) (0) 3 27 67 19 15 • Fax : (+33) (0) 3 27 67 11 04
info@blfeurope.com • www.blfeurope.com